闇《ダーク》ウェブ

セキュリティ集団スプラウト

文春新書

1086

闇《ダーク》ウェブ◎目次

序章　現実社会を動かすサイバー空間

二〇一五年五月二九日——史上最悪のサイバー闇市場

アメリカ合衆国の一人の青年に、ニューヨーク州マンハッタンの連邦地方裁判所で仮釈放なしの終身刑が言い渡された。青年の名は、ロス・ウィリアム・ウルブリヒト。テキサス州に住む二九歳（逮捕当時）の男に掛けられていた容疑は麻薬販売の共謀、コンピューター・ハッキング、マネーロンダリング共謀など全部で七件。その全てに有罪判決が下されたうえでのことだった(1)。

ニューヨーク州では、二〇〇七年に死刑制度が廃止されており、それ以前も五〇年以上にわたり一度も死刑は執行されていない。今回、ニューヨーク裁判所のキャサリン・フォレスト判事がウルブリヒトに下した判決は、事実上の「極刑」と言える。ＦＢＩ（米連邦捜査局）に二〇一三年一〇月に逮捕され、それだけの容疑が掛けられたウルブリヒトとは、いかなる人物だろうか。その罪状に綴られた内容は、極悪非道なマフィアかギャングの一味を思わせるのに十分だ。

だが、実際のウルブリヒトはそういった暴力的なイメージとは程遠い。テキサス大学ダラス校で物理学を学び、その後ペンシルバニア大学の材料科学技術大学院に通っていたというウルブリヒトは、むしろその対極の環境にいたと言える。インターネット上に残る写真から受ける印象も、ごく普通の白人青年といった感じだ。ウルブリヒトの母親リン・ラカヴァはトムソン・ロイターの取材に対し、「息子が他人を傷つける意図などなかったと信じている」と訴えている。(2)

ただ、ウルブリヒトが他の若者と違ったのは、史上最悪のサイバー闇市場と呼ばれた「シルクロード」(3)の創設者であり、運営者だったことだ。シルクロードは二〇一一年の初めに開設された、違法薬物をオンラインで販売するための闇市場である。その規模の大きさや商品の多様さから「薬物のイーベイ」「闇のアマゾン」とも形容されていた。開設から約二年半の間に、一二〇万件の違法取引が行われていたと言われる。FBIはそのシルクロードの中で、「恐怖の海賊ロバーツ（Dread Pirate Roberts）」（あるいは「DPR」「シルクロード（Silk Road）」）と呼ばれ、違法に大金を荒稼ぎしていた黒幕を執念深く追っていった。そして浮上したのがウルブリヒトだった。

二〇一五年八月一八日――世界最大の不倫出会い系サイト

イリノイ州のシカゴにマイホームを持つ二児の父だったドナルド・ブラッドショーは、

自らの命を絶つ前に、次のような遺書を妻に残した。[4]

「私が不誠実であったことを申し訳ないと思う。きっと君は子供たちを連れて私の元から去るのだろう。そして私は君の父親の会社からも解雇される。（中略）君にとって簡単になるようにしておくよ。すべては君のものだ。さようなら」

ドナルドが自殺したのは、世界最大の不倫出会い系サイト「アシュレイ・マディソン」[5]のデータ流出事件が北米のメディアで一斉に報道された当日だった。アシュレイ・マディソンは「人生は短い。不倫をしましょう」との謳い文句を掲げ、全世界に三七〇〇万人のユーザーを抱えていたが、二〇一五年七月に「インパクト・チーム（Impact Team）」を名乗るハッカー集団からサイバー攻撃を受け、膨大な会員の個人情報が盗まれていた。

会員情報を盗み出したインパクト・チームは、アシュレイ・マディソンを運営するカナダのアヴィド・ライフ・メディア社に対して、サイトの永久閉鎖を要求したうえで、こう警告していた。

「この要求が飲まれなかった場合、我々は全顧客の記録、プロフィール、彼らの性的妄想、ヌード写真、会話、カード決済、実名、住所、そして従業員に関する文書とメールアドレスを公開する」

だが、アヴィド・ライフ・メディア社が取引に応じなかったため、インパクト・チームは八月一八日に同社へ「時間切れ」を伝え、会員情報をインターネット上に公開した。この流出で晒された会員のアカウント数は約三二〇〇万件（三三〇〇万件との説もある）にのぼる。約一〇ギガバイトものデータには、会員の氏名、住所、メールアドレス、七年分のクレジットカードの取引記録、個人的な性的嗜好、写真、また一部にはGPSのロケーション情報なども含まれていた。

この流出事件により追い詰められた被害者の数は知れない。アシュレイ・マディソンは単なる出会い系サイトではなく、「不倫」を前面に押し出したサービスだ。その流出情報は一家離散に結びつくだけでなく、多額の慰謝料を請求する裁判を起こされた場合にも立場を悪くするものだろう。インターネット上で一部公開されているドナルドの遺書からは、そういう状況に追い込まれ、苦悩した様子が窺える。

それから数日後の八月二四日には、ルイジアナ州のニューオーリンズ・バプテスト神学校で教鞭を執るジョン・ギブソン牧師が、同じくアシュレイ・マディソンの登録者に自分の名前があったことを悔い、自らの命を絶った。遺体を発見した妻によると、ジョン牧師は遺書の中で流出データに自分の名前があったことを詫び、非常に恥じていることを綴っていたという[6]。

また、詳細は明かされていないものの、カナダにおいてもこの流出事件を苦にして命を絶った市民が二人いることをトロント警察が発表している。

二〇一六年三月三日――日本でのダークウェブ摘発

愛知県警のサイバー犯罪対策課によって二一歳の派遣社員の男が逮捕された。容疑は犯罪収益移転防止法違反である。容疑者は、二〇一五年一〇月八日から一一月二六日にかけて、インターネット上の掲示板に銀行口座を売る広告を掲載。実際に約三〇人に口座を販売し、一一〇万円を売り上げたとみられている[7]。

報道によると、容疑者の動機は「遊ぶ金が欲しかった」という単純なものだったが、このニュースは我々スプラウトも含めた一部のサイバーセキュリティ関係者を驚かせた。なぜなら、容疑者が銀行口座を売買していた舞台が、ただのインターネットではなかったからだ。利用されていた掲示板は「ダークウェブ」と呼ばれるインターネットの深淵に存在するものだ。日本の二一歳の若者がダークウェブで違法な取り引きを行っていたことにも驚かされたが、なにより不思議だったのは「匿名性」と「秘匿性」の高いダークウェブでの活動を警察がどう捕捉したのかということだった。

ダークウェブがどういったもので、そこで何が起こっているかについては、本書を通して少しずつ明らかにしていきたいが、この空間の最大の特徴はその匿名性と秘匿性の高さにある。誤解を恐れずに言えば、誰がどこで何をやっているかが、ほとんど足の付かない世界だ。それゆえに、独裁政権下で闘う活動家やジャーナリストから、ハッカー、ハクティビスト、過激派のテロリスト、アンダーグラウンドの犯罪者までが入り乱れて活動する場として、急速に広がってきた。特にダークウェブの空間の中でも、違法な商品やサービスを取引する「サイバー闇市場」の領域は年々拡大しており、世界各国の捜査当局やサイバーセキュリティ関係者はその不透明さに大きな懸念を抱いている。

とはいえ、ダークウェブでの活動が完全に匿名化されているかというと、そうとも言い切れない。様々な理由から、ダークウェブでの動きが捕捉可能なインターネットの表層に浮かび上がってくることもあるからだ。それは技術的な要因であることもあれば、人的な要因によることもある。種を明かせば、前述した愛知県警に逮捕された容疑者は「ダークウェブに記載した連絡先に、自らが本人名義で契約しているスマートフォンのメールアドレスを使っていたことから足が付いた」(警察関係者)のだという。

サイバー闇市場の犯罪者としてはいささかお粗末な感もあるが、裏を返せばサイバー犯罪者が慎重であれば、ダークウェブでの活動を捕捉するのは困難を極めるとも言える。実際に、日本の警察がダークウェブ関連で摘発したのはまだ数件だけだ。警視庁の生活安全部サイバー犯罪対策課や公安部公安総務課のサイバー攻撃特別捜査隊なども、それぞれ数十人規模の体制でサイバー空間のパトロールや分析を行っているとみられるが、「ダークウェブの調査までは手が回っていないのが現実」（警視庁担当記者）である。

だが今や、サイバー犯罪の主戦場はインターネットの奥底に移りつつある。前述した史上最悪のサイバー闇市場シルクロードが開設されていたのも、インパクト・チームがアシュレイ・マディソンの会員情報を公開したのもダークウェブだった。

当然、社会全体がインターネットに繋がっている限り、日本もその流れとは決して無縁ではない。事実、二一歳の若者がスマートフォンを使ってダークウェブで銀行口座を売っている時代なのだ。個人にしろ、組織にしろ、自らが犯罪の犠牲者にならないためにも、サイバー空間の最前線で何が起こっているかを知ることは有益なはずだ。本書を通じて、既存のルールも価値観も通用しない新しい空間が存在していることを少しでも多くの方に知ってもらえれば幸いである。

注

（1）Ross Ulbricht, Creator of Silk Road Website, Is Sentenced to Life in Prison
http://www.nytimes.com/2015/05/30/nyregion/ross-ulbricht-creator-of-silk-road-website-is-sentenced-to-life-in-prison.html

（2）FBI shuts alleged online drug marketplace, Silk Road
http://www.reuters.com/article/us-crime-silkroad-raid-idUSBRE9910TR20131002

（3）「シルクロード」（現在は閉鎖中）
http://silkroad6ownowfk.onion

（4）Man Outed In Ashley Madison Hack Commits Suicide
http://unitedmediapublishing.com/man-outed-in-ashley-madison-hack-commits-suicide/

（5）「アシュレイ・マディソン」
https://www.ashleymadison.com

（6）Pastor outed on Ashley Madison commits suicide
http://money.cnn.com/2015/09/08/technology/ashley-madison-suicide/

（7）「ダークウェブ掲示板　口座売ると書き込む　愛知県警、容疑者逮捕」
中日新聞二〇一六年三月四日

第1章　サイバー闇市場の実態

検索エンジンの届かない世界

現在、インターネットの世界は三つに分かれている。

世界中の誰もがアクセスできる自由な空間と、限られた一部の人だけが触れることのできる空間、そしてサイバー犯罪者たちが跋扈する闇の空間とに。

一九六〇年代、米国ではインターネットの原型となる「ARPANET」が誕生した。[1]それからおよそ半世紀、急速な成長を遂げたインターネット空間には、膨大な数のウェブコンテンツが存在するようになった。英国のインターネット・サービス企業ネットクラフト社（Netcraft）が二〇一六年三月に発表したデータによると、一〇億三八八万七七九〇のウェブサイト（ウェブコンテンツの集合体）と五七八万二〇八〇台のウェブサーバー（ウェブサイトを配信するためのシステム）がインターネット上で確認できたという。[2]

これらは誰もがアクセスできる自由な空間であり、インターネットの表層という意味から「サーフェイスウェブ」（もしくは「ビジブルウェブ＝可視的なウェブ」）と呼称される。「ヤフーニュース」やブログといった一般的なウェブサイト群のことだ。

だが、これは検索エンジンが捕捉可能なウェブサイトの数で、実際は確認することのできないウェブコンテンツの方が遥かに多いと言われている。それらはインターネットの深層という意味から「ディープウェブ」と呼ばれる。ディープウェブの定義はいろいろあるが、一言で説明すると「検索エンジンで探し出すことができないウェブコンテンツ」の総称だ。

サーフェイスウェブとディープウェブの関係は、氷山に例えられる。海面から突き出した氷山の一角がサーフェイスウェブだとすると、海面下の大部分がディープウェブに当たる。正確な数字はないものの、サーフェイスウェブの割合はインターネット全体の一％未満しかないとも言われている。[3] 驚くべきことに、我々が普段目にしているのは、インターネット空間のほんの僅かな部分だけなのだ。月間で一〇〇億ページビュー（閲覧されたページ数）を誇るヤフーニュースでさえ、[4] 見方を変えれば、氷山の上を歩くペンギン程度の大きさだと言える。

通常、検索エンジンはインターネット上に存在するウェブコンテンツ（ページ）を自動収集し、ページタイトル、URL、内容などに分け、データベースに整理していく。そしてユーザーが検索窓に調べたいキーワードを入力すると、作成したデータベースから情報を送り返すのが基本的な仕組みだ。検索エンジンには、「グーグル」「ヤフー」「Bing（ビング）」「百度（バイドゥ）」などがあるが、サービスによって検索結果が違うのは、情報の自動収集プログラムの性能や更新頻度によるためである。ディープウェブとは、それらの検索エンジンのデータベースには蓄えられていないウェブコンテンツの集合体と言い換えることもできる。

前述のように、サーフェイスウェブだけでも膨大なウェブコンテンツが存在するため、検索結果に表示されない限り、特定のウェブサイトにユーザーを誘導することは非常に困難だ。「グーグル八分」という言葉があるが、これは何かしらの事情により、グーグルが検索結果から特定のウェブコンテンツを除外する事象を指す。グーグルの検索結果に表示されないということは、インターネット上に存在しないこととほぼ等しい状態となり、グーグル八分はウェブサイトの運営者がもっとも恐れることのひとつである。

しかし、ウェブサイトの運営者の中には、検索エンジンに引っかからないことを狙う者もいる。その理由は様々だが、共通するのは「情報を閉ざされた状態で管理したい」という点だ。周知の通り、インターネット上に公開されたデータは、誰でも簡単にアクセスすることができ、複製することも容易だ。これはインターネットの最大の利点でもあるのだが、同時に最大の欠点でもある。限定されたメンバーだけでウェブコンテンツを利用したい、特定のユーザーだけに向けて情報を発信したい、といったことを行うためには、何らかの方法で外部からの侵入を阻むことが必要になってくる。

こう書くと、ディープウェブという言葉の響きから、なにかアンダーグラウンドな世界を想起されるかもしれないが、ディープウェブに存在するウェブコンテンツの大半は、インターネット・ユーザーの多くにとって馴染みのものだ。「Gメール」や「ホットメール」といったウェブメール、「楽天市場」や「アマゾン」といったECサイトのマイページ、「フェイスブック」や「ツイッター」といったソーシャルメディアの非公開ページなどがそれに当たる。

これらのサービス自体は検索エンジンの収集対象だが、IDとパスワードを使ったログイン(認証)が必要な個々のウェブコンテンツまでは辿り着けない。他にも、有料のニュースサイトや動画配信サービス、学術データベース、税申告サイトなども同様だ。こういった限られた人だけがアクセスできる認証下のウェブコンテンツが、ディープウェブの大部分を占めると考えられている。

また、ウェブサイトの運営者が検索エンジンに収集されないよう、ウェブサーバー上のファイルやソースコードの中で設定しているケースもある。一般には見られたくないページや、ウェブサイトの管理画面などは、セキュリティ上の懸念から検索エンジンによる収集を避けることが多い。ただし、検索エンジンに表示されないといっても、ウェブブラウザーから直接URLを入力すれば、認証が必要でない限り閲覧できるウェブサイトも少なくない。

このように、インターネット空間の中に、プライバシーやセキュリティを守るウェブコンテンツが増えていった結果、段々とディープウェブの領域が拡大していったと言える。

拡大する「ダークウェブ」

そして、一般的な検索エンジンでは見つけられないディープウェブのさらに奥底にあるのが「ダークウェブ」である。先ほどの氷山の例えで言えば、暗い深海にもっとも近い日の当たらない部分になるだろう。この知られざる空間こそが、サイバー犯罪の温床として、インターネットのみならず現実社会を大きく揺るがしている震源地であり、本書のテーマである「サイバー犯罪と闇市場」の中心的な舞台である。

インターネット空間には、サーフェイスウェブにしろ、ディープウェブにしろ、ありとあらゆる種類の情報が存在し、中には違法なものも数多く存在する。著作権を侵害した動

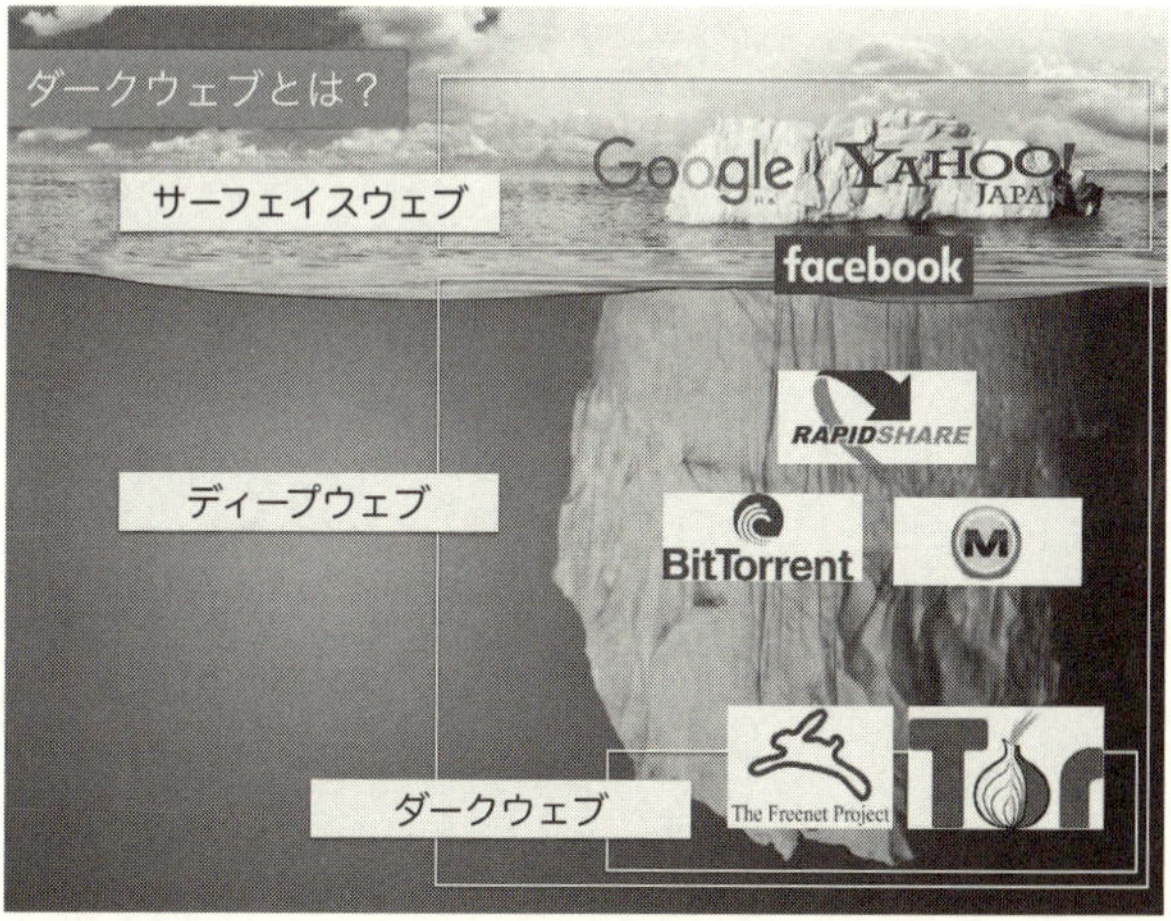

ダークウェブとは？

画や画像、違法なアダルトコンテンツなどを挙げれば、枚挙に暇がない。そういう意味では、インターネット空間のそこかしこに広義のサイバー犯罪に繋がるものが点在していると言えるが、ダークウェブにおいてはその濃度が違う。その空間のほとんどがサイバー犯罪と密接な情報で埋まっていると言っても過言ではないからだ。これは後述するダークウェブの生い立ちや存在意義を考えれば非常に残念なことではあるが、紛れもない現実である。そしてその異様な空間は、今この瞬間も拡大し続けている。

ディープウェブにおけるダークウェブの割合については、さらに不透明である。複数のサイバーセキュリティ専門家や研究者が、年々拡大していることを報告しているが、その正確な数字は分かっていない。[5] ただし、我々が行ったフィールド調査からも空間の拡大と活性化は明らかに見てとれた。つまり、それだけサイバー犯罪に関わる接点が増加しているということでもある。急拡大するダークウェブで何が起こっているかについては、本書全体を通して紐解いていきたいと思うが、その前にダークウェブがサーフェイスウェブやディープウェブとどう違うのかについて簡単に記しておきたい。

なお、ディープウェブは「ディープネット」とも呼ばれ、ダークウェブが存在するネットワーク空間そのものを指す言葉として「ダークネット」があるが、本書ではディープウェブとダークウェブで統一させていただいた。また、インターネットとサイバー空間は、ほぼ同じ概念を指す意味として使っている。

説明に戻ると、まずダークウェブと他の空間との大きな違いは、そのアクセス方法にある。サーフェイスウェブもディープウェブも、基本的にウェブブラウザーがあればアクセスすることができる。しかし、ダークウェブは専用のソフトウェアによる通信方法でないとアクセスできない空間だ。そのため一般的な検索エンジンの自動収集プログラムはもちろん、知識がないユーザーにはアクセスすることさえできない世界となっている。

現在、主に使われている通信方法としては、「Ｔｏｒ（トーア）」[6]「Ｉ２Ｐ」[7]「フリーネット」[8]の三つが挙げられるだろう。この三つはそれぞれ独立したネットワークの空間であり、Ｔｏｒを使えばＴｏｒのネットワークのみにだけ、フリーネットを使えばフリーネットのネットワークのみにだけ繋ぐことができる。

そして、ダークウェブで最も広く使われているネットワークがＴｏｒである。Ｔｏｒの特徴や技術については第3章で詳述するが、最大の利点は、通信の暗号技術が優れていて匿名性が高いことと、独立したネットワークのため外部からの圧力に強いことだ。

そのため当初は迫害を受けている政治活動家やジャーナリストが利用していたが、その匿名性に目をつけた犯罪者たちが群がるようになった。匿名性の高さは、犯罪者にとって捜査当局からの格好の隠れ蓑になるからだ。犯罪者たちがＴｏｒネットワーク上に次々と違法なものを持ち込んだことで、ダークウェブは急速に拡大。僅か数年で、サイバー犯罪の一大市場が形成されるに至った。

Ｉ２Ｐ（The Invisible Internet Project: 不可視インターネットプロジェクト）は、その名が示すとおり、ネットワークの通信を匿名化するための技術のことで、それを実現するためのソフトウェアの総称でもある。自分のＩＰアドレスを他人に知られることなく目的のウェブサイトにアクセスするためや、匿名のウェブホスティング（利用者にサーバーや回線を貸し出すサービス）や電子メールサービスを構築することなどにも使われている。

フリーネットはP2P（ピア・ツー・ピア）技術を使ったネットワークである。P2Pといえば、「ビットトレント」や「ウィニー」といった違法な行為に利用されるファイル共有ソフトというイメージを持たれる向きもあるが、無料インターネット電話サービス「スカイプ」（現在は米マイクロソフトが提供）などでも使われている技術だ。こちらも言論弾圧下にある国の人々が自由に発言するために生まれた仕組みという背景から、匿名性やセキュリティに配慮した技術が多く搭載されている。

他にもダークウェブにはいくつかの特徴がある。そのひとつが「情報を探すのに非常に手間が掛かる」という点だ。基本的には、サーフェイスウェブのように一般的な検索エンジンが使えない世界なので、狙った情報を効率よく探す方法がない。ダークウェブに特化した検索エンジンもいくつか存在するものの、対象範囲は限定的で、グーグルなどの精度には遠く及ばない。ではどうやって見つけるのかといえば、サーフェイスウェブやディープウェブにある掲示板やリンク集などのコミュニティから地道に辿っていくしかない。

しかも、やっと辿り着いたその場所も、明日にはなくなっている可能性がある。ダークウェブのウェブコンテンツは、捜査機関の網に引っかからないようURLが頻繁に変わるため、いつまでも同じように繋がる保証はない。これはURLを半永久的に変更しないことで、検索エンジンやユーザーからより多くのアクセスを集めようという、サーフェイスウェブやディープウェブにおける「パーマリンク」の考えとは正反対のものだ。もちろん移転先が丁寧に案内されることはなく、夜逃げのように突然変更される。新しいリンク先を見つけるには、アンダーグラウンドのコミュニティに案内を頼むか、再び地道に探していくしか方法はない。

このようにダークウェブは一般的なインターネットとは、そのアクセス方法も使い勝手も大きく異なるため、一部の「目的」を持った人間だけが集まる特殊な世界として存在するようになった。

麻薬の一大取引所

ダークウェブという言葉を世に知らしめたのは、序章でも触れた世界最大のサイバー闇市場「シルクロード」の摘発事件だろう。シルクロードは二〇一一年初めにTorネットワーク上で開かれた、麻薬、銃器、違法情報などのインターネット・コマース（EC）サイトだ。出品者のレーティング機能や、匿名で利用できるビットコインでの決済機能が人気を呼び、アンダーグラウンドの住人たちが大挙して訪れた。

だが、あまりにも名前が売れたことから、FBI（米連邦捜査局）の大掛かりな潜入捜査にまで発展。創設者で「黒幕」と呼ばれたロス・ウィリアム・ウルブリヒトは逮捕され、シルクロードは閉鎖に追い込まれた。この事件の顚末については第5章で詳しく述べるが、この大掛かりな逮捕劇と、それに連座する形で起こった捜査関係者のスキャンダルが海外のニュースで大きく報道されたため、ダークウェブという言葉が世間でも知られるようになった。そして同時にアンダーグラウンドの世界において、「ダークウェブは稼げる」というイメージが広まり、第二、第三のシルクロードが生まれていった。

シルクロードや類似の闇サイトで取り扱われている「違法商品」は多岐にわたる。まず、量として最も多いのが麻薬関連だ。ポーツマス大学のガレス・オーウェン博士が二〇一五年に発表したレポートによれば、ダークウェブで売買されているもののうち、一五・四%が麻薬に関連したものだという。とくに闇マーケットプレイスでは麻薬が中心的な商品となっており、たとえば「アルファベイ・マーケット（AlphaBay Market）」というマーケットプレイスを覗いてみると、「麻薬」にカテゴライズされた商品が全体の六四%を占めていた（二〇一六年三月時点）。

取り扱っている種類も、マリファナやハシシなどのソフトドラッグにはじまり、ヘロイン、コカイン、メタンフェタミン（覚醒剤）、LSDといったハードドラッグや睡眠薬、向精神薬といったものまで幅広い。基本通貨は「ビットコイン」である（ビットコインについては第3章で詳しく説明する）。ドルやユーロ建てで売買できるものもあるが、売り手も買い手もほとんどが、匿名でやり取りできるビットコインを好む傾向にある。

違法なドラッグといえども、購入から手元に届くまでの流れは、「楽天市場」や「ヤフーオークション」と大差はない。マーケットプレイスであれば、出品者と購入者の間で、入金先や配送先などを確認し合い、あとは決済するだけだ。商品がデジタルデータであればメールやダウンロードサイトを通じて送信され、物理的な商品であれば指定された住所に届けられる。受け取りに住所が必要といっても、本人確認の緩い受取代行サービスなどを使えば、かなり「安全」に購入することが可能だろう。

その他にも、偽造パスポートや偽造免許証、世界各国の偽札、盗難品である貴金属、銃器といった物品から、流出情報、詐欺商材、ハッキングツール、未発表の脆弱性情報（コンピューターやソフトウェアに潜む、プログラムの不具合や設計ミスが原因のセキュリティ上

あらゆる麻薬が売られているマーケットプレイス

金メッキが施された銃器も売り出されている

の欠陥に関する情報のことでサイバー攻撃などに悪用される）、違法ポルノといったデジタルデータ、サイバー攻撃や殺人依頼の請負サービスといったものまでが、いたるところで当たり前のように取り引きされている。

使われている言語は、英語、スペイン語、ポルトガル語、ロシア語が主で、日本語のサイトはまだ少ない。紙幅の都合から詳述はできないが、それらの違法商品がどの程度の値段で、どうやって売買されているかについて、いくつかの事例を簡単に記しておきたい。

偽造パスポート、偽札、児童ポルノ、殺人請負

「偽造パスポート」「偽造免許証」――偽造商品はマーケットプレイスでも販売されているが、偽造商品を専門で取り扱っているサイトも多い。定番の商品は運転免許証、学生証、パスポートといったＩＤだ。値段は偽造の難しさ、見破られる確率の高さ、発行される国の信頼度によって大きく変わる。例えば、日本の偽造パスポートであれば難易度も利用価値も高いため値段も上がるが、スロバキアの国立大学の学生証にはそこまでの値段は付かないといった具合だ。以下は販売されていた偽造商品の値段の一例である。

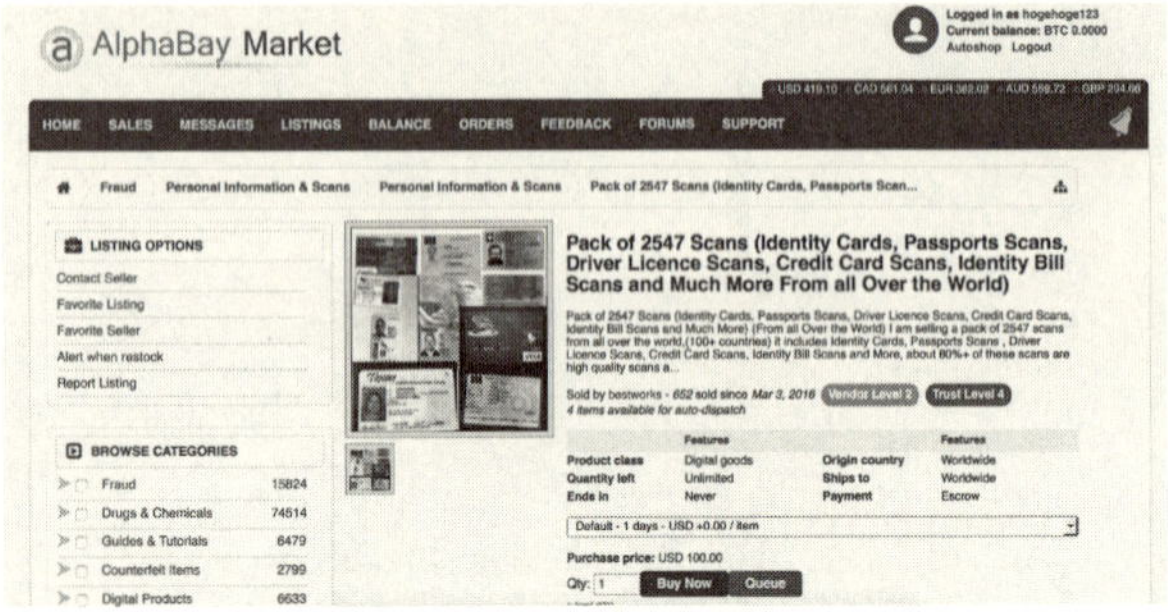

偽造パスポート・身分証明書も販売

・米国の各州運転免許証（独自製作のホログラムやUVインク、マイクロ文字、レーザー刻印に対応）：二〇〇ドル（約二万三〇〇〇円／一ドル＝一一四円での試算、以下も同様）

・イギリスの運転免許証（ホログラム、UVインク付き）：三八五ドル（約四万四〇〇〇円）

・ドイツの身分証明書（ホログラム、ウォーターマーク付き）：六八五ドル（約七万八〇〇〇円）

・デンマークのパスポート：二三〇〇ドル（約二六万円）

・リトアニアのパスポート：一三八〇ドル（約一五万七〇〇〇円）

「偽札」——偽札は世界各国のものが取り揃えられている。ユーロ紙幣の偽札を売っているあるサイトの宣伝文句

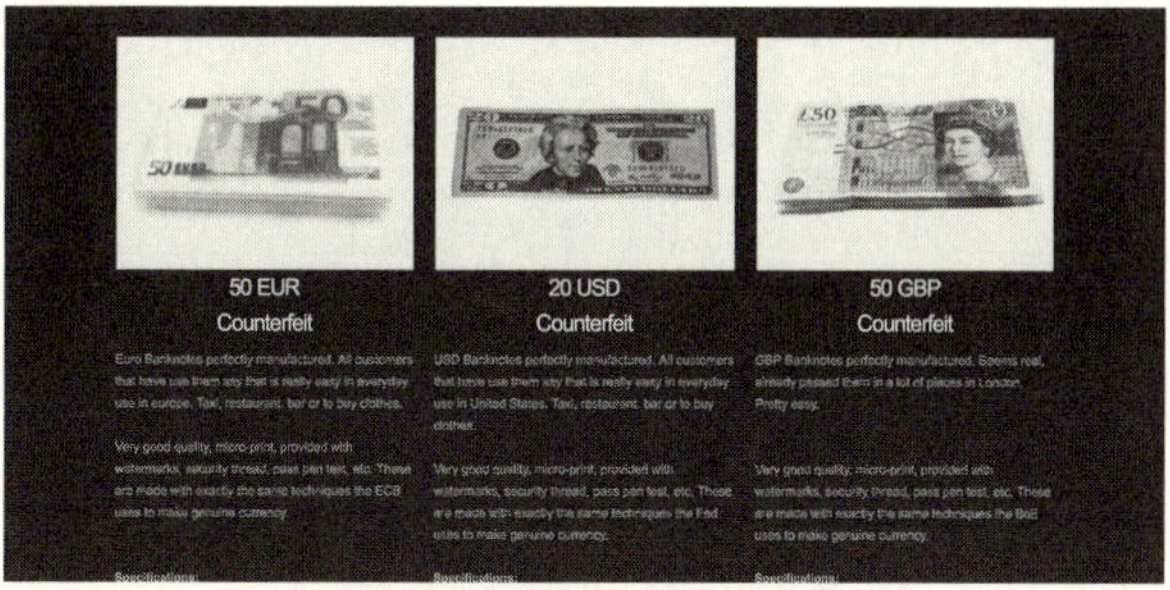

世界各国の偽札も取り揃う

にはこう書かれていた。

「欧州中央銀行が発行した本物の紙幣とうりふたつ。この偽札を見た人は皆『本物と区別がつかない！』と絶賛してくれます。タクシーやバー、洋服などを買うときにご利用ください」

これらの偽札はドットプリント、ウォーターマーク、偽札チェックペン、セキュリティストリップなどに対応していると謳っている。このサイトでは、五〇ユーロ札二〇〇枚、合計一万ユーロ（約一二八万円）の偽札を、二・一ビットコイン（約一〇万円）で販売しており、他にも米国ドル紙幣、英国ポンド紙幣なども取り扱っていた。

「違法ポルノ」「児童ポルノ」——サーフェイスウェブでも当たり前のポルノコンテンツが、ダークウェブで取り扱われているのには理由がある。それは違法モノへの需要からだ。特に先進国の捜査機関が目を光らせている児童ポルノについては、運営元の多くが今やダークウェブのより見つかりにくい場所へと逃げ込んでいる。

二〇一五年二月、ＦＢＩがダークウェブ上で運営されていた大手の児童ポルノサイト「プレイペン（Playpen）」の摘発を行った際には、同サイトが開設から一年で約二一万五〇〇〇の登録者を集め、一週間の閲覧者数が最高で一万一〇〇〇人を超えるほど巨大なサービスだったことが判明した。日本でも二〇一五年九月に、同じくダークウェブ上で運営されていた画像投稿サイト「まじかる☆おにおん」の利用者五人が、児童買春・ポルノ禁止法違反容疑などで京都府警サイバー犯罪対策課に逮捕されたが、同サイトの利用者も一〇〇〇人以上いたとみられている。

他にも、米国の合法ポルノでは演出でも厳しい制限が掛けられているレイプを扱ったものも数多く見られる。特にアンダーグラウンドにおいて「凌辱系」と呼ばれる日本のアダルトビデオは、海外の闇市場においても需要が高いようだ。中には実際のレイプ場面や、女性をターゲットにした殺人などの犯罪シーンの動画や写真を扱った有料サイトも存在する。

「サイバー攻撃請負」「ハッキングツール」——依頼を受けてサイバー攻撃を請け負うサービスも多い。ロシアのあるハッキング・グループでは〇・五ビットコイン（約二万四〇〇〇円）で、次のアカウントのパスワードを割り出すと宣伝している。

・Gメール
・フェイスブック
・ツイッター
・リンクトイン
・インスタグラム
・ヤフーメール

また、このグループは独自に開発したランサムウェア（マルウェアの一種。感染したコンピューターを使用不能にし、解除と引き換えに身代金を要求する）を二ビットコイン（約九万六〇〇〇円）で、DDoS攻撃（サイバー攻撃の手法のひとつ。分散型（Distributed）の「DoS」攻撃を意味する。DoSは、「Denial of Service」の略で、一般的には「サービス拒否」と訳される。ターゲットのサーバーに大量のデータを送りつけ、機能を低下させたり麻痺させたりすることを狙って行われる）を三ビットコイン（約一四万四〇〇〇円）で販売している。サポート体制も万全で、問い合わせには二四時間以内に返信するという。

「殺人請負（ヒットマン）」――いかにもダークウェブ的なイメージなものとしては、殺人請負サービスが挙げられる。つまり、殺し屋をダークウェブで雇うことができるということなのだが、これは本当だろうか？　この手のサービスの中には値段を公開しているところも多く、「クトゥルフ（C'thulhu）」では四万五〇〇〇ドルから九〇万ドル、「Besa Mafia」では五〇〇〇ドルから二〇万ドルとなっている。殺し屋に依頼するには、ターゲットの氏名、住所、写真、その他の情報を送り、支払いを行う仕組みになっている。

ただし、これらのサービスが本当に実行されるかは甚だ疑わしい。その多くは金銭を振り込ませるための詐欺サイトだと考える専門家も多い。後述するシルクロードの事件では、ダークウェブの首謀者が殺人請負サービスを通じて敵対する相手を殺そうと企てるが、実際にはその殺人は行われなかったことが判明している。シルクロードの件だけでは全てが詐欺サイトだとは断定できないものの、他の商品やサービスと違い、実際に事件化したケ

殺人&サイバー攻撃請負サービス

ースが少ないため、現時点でその信憑性を判断するのは難しいと言える。

アンダーグラウンドの生息者たち

このように、ありとあらゆる違法な商品やサービスが匿名で簡単に売買できることから、ダークウェブは闇市場として急速に拡大していった。何年か前に日本の国会で流行ったセリフではないが、まさに違法なものが何でも揃う「犯罪のデパート」そのものである。はっきり言って、売られているものには紛い物も多く、そもそもきちんと届けられるかどうかも確かめようはないが、それでも闇市場全体の取引量が増加しているのは確かだ。

ダークウェブ全体に占める闇市場の割合については議論が分かれるところだが、二〇一六年二月に発表されたキングス・カレッジ・ロンドンの研究者ダニエル・ムーアとトーマス・リッドの調査[9]によると、約五七%が麻薬や違法な金融活動、過激ポルノといった犯罪活動に関するものだという。

また、主要な闇マーケットプレイス三五サイトを調査したUSENIXのレポート[10]によると、これらの闇マーケットプレイスは一日当たり三〇万〜五〇万ドル集めているという。とはいえ、全販売者の約七〇%が一〇〇〇ドル以上の価値の製品を販売できていない一方、一八%の販売者は一〇〇〇〜一万ドルの間の製品を販売しており、約二%だけが一〇万ドル以上の製品を販売している構図だという。これは闇市場のマーケットプレイスも、表の市場同様に販売者の売上規模がロングテール型になる傾向（販売品目と顧客の総数が増えることで、あまり売れない大多数の商品の売上が少数のヒット商品の売上を上回る、ネットビジネスの特徴）があるということを示唆していて非常に興味深い話だ。

では、そんなダークウェブを中心としたサイバー闇市場に生息するのは、どんな人間たちだろうか。

闇の市場で商売を行っている人間は多種多様だ。麻薬の売買を行う末端の売人から仲卸業者、未登録や盗まれた銃器を売買する武器商人、盗品を売りさばく故買屋、ウイルスの作成やハッキングを請け負うサイバー犯罪者、偽のパスポートや運転免許を販売する偽造屋、依頼された犯罪を請け負う者などである。

シルクロードのような場所で、実際に商売を行っている人間の大半は、現実社会においても裏社会の住人である可能性が高い。大量の麻薬や精巧な偽造パスポートなどは、素人が用意できるものではない。なかには、明らかに中学生や高校生が作成したと思われるサイトもあるが、そういったものは少数である。ダークウェブの世界でも競争原理が働き、品質の良いサービスや商品を提供することができる人間しか生き残ることはできないようになっている。

一方で購入者側はどうだろうか。様々な売買サイトやコミュニティを観察していると、確かに裏社会の住人だと推測される人間もいるが、その多くは一般人だと考えられる。麻薬を売買している日本語の闇市場は隠語だらけで、一見さんには理解できない世界であるが、英語圏のそれは何も知らないユーザーでもわかるように商品説明が細かく書かれている。麻薬はもちろん、クレジットカードの流出情報やハッキングツールを販売するサイトなどでも、丁寧かつ親切に購入方法が書かれており、そのきめ細やかさに驚かされる。競争原理の結果として商品説明が親切になったのかもしれないが、これは販売者側が「一般人」を相手にしていることの証左だろう。

また、ＩＳＩＳ（イスラム国）や過激派のテロリストといった勢力も、自らの身を隠すためにダークウェブで活動しているとみられる。動向に詳しいイタリアのセキュリティ専門家であるピエルルイジ・パガニーニが言う。[11]

「ＩＳＩＳのメンバーはダークウェブを悪用し、プロパガンダ用の動画や画像を共有している。一方で、ジハード主義者は、安全に通信するためにＴｏｒを使用している。ダークウェブは、サイバー犯罪者やテロリストにとって特権化された環境であり続けるだろう。また、マルウェアの作成者は、ボットネット（サイバー犯罪者によって乗っ取られたコンピューター群のことで、所有者が知らぬ間にサイバー攻撃に利用される）のバックアップとしてダークネットを悪用するはずだ。そして法執行機関からの捜査の手から逃れるために利用するだろう」

ただし、ダークウェブで活動しているのは犯罪者やテロリストたちばかりではない。前述したとおり、ＴｏｒやＩ２Ｐには、そもそも独裁政権下で弾圧された活動家やジャーナリストたちが監視の目を逃れるために利用してきたという背景がある。そういった人たちが外部からの圧力に屈しないため、ダークウェブ上にウェブサイトを構築しているケースも多い。

有名なのは、現在もイギリスのエクアドル大使館で軟禁状態にあるハクティビスト、ジュリアン・アサンジが率いる内部告発サイト「ウィキリークス」[12]だろう。ウィキリークスが利用しているホスティングサーバーやドメインは、アメリカをはじめとする国家の圧力を受けて度々利用できなくなってきた経緯がある。ウィキリークスは現在もサーフェイスウェブで稼働しているが、Ｔｏｒネットワーク上にも同じ内容のサイトを構築することで圧力から逃れる担保にしている。なお、アサンジについてはスウェーデン当局とイギリス当局から逮捕状が出ており、活動家と見るか、犯罪者と見るかは国によって異なる。

また、非営利報道組織の「プロパブリカ（ProPublica）[13]」もサーフェイスウェブで公開しているオンラインメディアと同じ内容をダークウェブでも展開している。プロパブリカは寄付を元に活動していて、二〇一〇年、二〇一一年、二〇一六年にピューリッツァー賞も受賞している本格的なジャーナリズム・サイトだ。二〇一六年一月からダークウェブでも発信を開始したが、その目的は完全な匿名環境で記事を読みたい読者のニーズに応えたものだという。

とはいえ、ダークウェブで行われている活動や、闇市場での売買に関係するのは一部の限られた立場にある人間だけだろう。麻薬にしても、偽造パスポートにしても、反政府運動にしても、日本に住む多くの人々の日常生活とはまず縁がない。だが、ダークウェブをはじめとするサイバー闇市場で最も多く取り引きされているもののひとつは、そんな世界とはほど遠い人々にとっても重要な関わりがあるものだ。それは、盗み出された「個人情報」である。次章では盗み出された個人情報の行方を追う。

注

（1）ティム・バーナーズ＝リー、高橋徹監訳『Ｗｅｂの創成──Ｗｏｒｌｄ　Ｗｉｄｅ　Ｗｅｂはいかにして生まれどこに向かうのか』毎日コミュニケーションズ、二〇〇一年

（2）Netcraft: March 2016 Web Server Survey
http://news.netcraft.com/archives/2016/03/18/march-2016-web-server-survey.html

（3）「あなたが知らない『ディープ』なウェブの世界」
http://www.cnn.co.jp/tech/35045702.html

（4）「月間閲覧１００億超 王者ヤフーニュースの圧倒的強さ」
http://mainichi.jp/premier/business/articles/20150925/biz/00m/010/004000c

（5）「トレンドマイクロ：『Deep Web（ディープ Web）』におけるサイバー犯罪の実態」
http://blog.trendmicro.co.jp/archives/7960

（6）Tor Project

https://www.torproject.org

（7）THE INVISIBLE INTERNET PROJECT
https://geti2p.net/en/

（8）The Freenet Project
https://freenetproject.org

（9）Cryptopolitik and the Darknet
http://www.tandfonline.com/doi/full/10.1080/00396338.2016.1142085

（10）usenix: Measuring the Longitudinal Evolution of the Online Anonymous Marketplace Ecosystem
https://www.usenix.org/system/files/conference/usenixsecurity15/sec15-paper-soska-updated.pdf

（11）ピエルルイジ・パガニーニ（Pierluigi Paganini）は、イタリアのセキュリティ専門家。同氏が主宰するセキュリティ・ニュースサイト『Security Affairs』の記事を翻訳したものを、スプラウトが運営する『THE ZERO/ONE』でも掲載している。
http://securityaffairs.co/wordpress/

（12）WikiLeaks
https://wikileaks.org/

（13）ProPublica
https://www.propublica.org/

第2章　盗まれた個人情報の行方

世界中で売買される個人情報の値段

二〇一四年七月に発覚した通信教育大手ベネッセコーポレーションの個人情報漏洩事件は、国内のインシデント史上最悪の規模（最大三五〇四万件分）と言われている。この事件では、顧客の個人情報を売買する「データブローカー（名簿屋）」の存在も話題となったが、果たして流出した個人情報はどれくらいの値段で売買されているのだろうか。

サイバー闇市場で販売されている個人情報は様々だが、氏名、住所、年齢、性別を基本に、銀行口座、税務情報、債務情報、各種インターネット・サービスのアカウント情報、メールアドレスといった付加価値が付けられて販売されているケースが多い。付加されている内容や国によってばらつきはあるものの、ダークウェブの動向に詳しい前出のイタリアのセキュリティ専門家であるピエルルイジ・パガニーニによれば、「一人分の個人情報が記憶されたデータは概ね一ドル程度」だという。

これは勝手に情報を盗まれて売られている側にすれば「あまりに安過ぎる」と感じる値段だろう。不愉快なスパムメールを何度も送りつけてくる相手が支払った対価がたったの一ドルでは、まったく釣り合わないように思える。だがこれは、闇市場で流通する個人情報は幾度も転売が重ねられ、その度に「使える情報」の歩留まりが下がったり、ニセ情報で水増しされたりして、一件当たりの平均単価が年々低くなる傾向にあるためだ。当然、新しく流出したとされる情報には高い値段が付けられることもある。

　また、なかにはパスポートや身分証明書、クレジットカードのスキャン画像データがそのまま売られている場合もある。個人情報というとテキストやエクセル・データ（CSV形式など）で販売されている印象が強いが、スキャン画像データでの売買も少なくないようだ。あるサイトでは、IDカード、パスポート、運転免許証、クレジットカードなどのスキャン画像データ約二五〇〇点が、僅か一〇〇ドルで売られていた。

　盗まれたクレジットカード情報は、闇市場で最も取引の多い商品の一つだ。セキュリティ企業マカフィーのレポート[1]によると、販売されているデータにはソフトウェアで生成されたカード会員番号（PAN）、有効期限、CVV2番号（セキュリティコード）の有効な組み合わせも含まれているという。販売者は盗難カードのデータに「追加の情報」を水増しすることで少しでも高く売ろうとしているようだ。

　平均単価は、クレジットカード会社、クレジットカード番号、有効期限、氏名、セキュリティコードのセットで、一件六～一〇ドル程度だ。販売されたデータの中に利用できないものがあった場合、入手から一時間以内であれば無料で交換することを謳う業者も多い。さらに、これらの情報に加えて、引き落とされる銀行口座の番号、生年月日、請求書送付先住所、暗証番号、社会保障番号、さらに両親の旧姓といった情報が含まれているものは「すべての情報（Fullzinfo）」と呼ばれ、一件三五ドル程度で売買されている。

また、盗まれた銀行のオンライン口座のログイン情報の価格は、口座の残高によって決まる傾向があるようだ。前出のマカフィーのレポートによれば、口座残高が四〇〇〜一〇〇〇ドルのものが二〇〜五〇ドル、一〇〇〇〜二五〇〇ドルのものが五〇〜一二〇ドル、二五〇〇〜五〇〇〇ドルのものが一二〇〜二〇〇ドル、五〇〇〇〜八〇〇〇ドルのものが二〇〇〜三〇〇ドルで売買されているという。ただし中には、口座の残高に比べ高い値段が付くケースもあるようだ。なぜなら、オンライン口座のログイン情報は、資金をこっそりと国内外に移動させるのに欠かせないからだ。

他にも、ペイパル、ウーバー、イーベイ、アマゾンなどのアカウント情報も売られている。値段は二ドルから一〇ドルほどだ。二〇一四年頃に日本で起きた無料メッセージサービス「ＬＩＮＥ」のＩＤ乗っ取り騒動の際に、乗っ取られたＩＤから「コンビニでアマゾンポイントを購入して、番号を送って欲しい」といった詐欺メッセージが送られる手口が流行ったが、そういった詐欺における一時的な入金口として、こういったアカウントが利用されていることも考えられる。

ネットオークションで利用者から高い評価を受けているアカウントも需要が高い。偽ブランド品などを販売する際に、信用を得やすいからだ。あるオークションサイトのアカウントには一四〇〇ドルの値段が付いていた。

少し変わったところでは、オンライン動画配信や有料の漫画サービスといった有料コンテンツサービスのアカウントもある。例えば、価格は以下のようになっている。

・オンライン動画配信（〇・五五〜一ドル）
・プロスポーツ配信（一五ドル）
・有料ケーブルチャンネル配信サービス（七・五ドル）
・有料漫画サービス（〇・五五ドル）

暗躍するデータブローカー

流出した個人情報が広く売買され続けている背景には、前述したデータブローカーの存在がある。その実態を示す二つのニュースから、アメリカのデータブローカー事情を明らかにしてみたい。

ひとつめは、闇市場の悪質な個人情報サービス「SSNDOB」[2]を巡る話題だ。このSSNDOBに関しては二〇一三年九月、セキュリティ専門家のブライアン・クレブスが七カ月にわたる調査を行ったうえで詳細に解説している[3]。クレブスは、アメリカの大手小売チェーン、ターゲット（Target）の漏洩事件を最初に暴いたブロガーとして一躍脚光を浴びた人物だ。

クレブスの説明によると、SSNDOBは「アメリカ居住者の個人データを手頃な価格で検索できる、信頼性の高いサービス」として、二〇一一年から闇市場で活動してきたという。このサービスでは、歌手のビヨンセやカニエ・ウェストなどのセレブリティから、ミシェル・オバマ大統領夫人、ジョン・ブレナンCIA長官、ロバート・ミューラーFBI長官（当時）に至るまで、トップクラスの有名人たちの情報も入手可能だった。そこには社会保障番号や誕生日、電話番号、住所なども含まれていたようだが、データが取得されたルートは二〇一三年まで不明のままだった。

クレブスは、SSNDOBの管理者たちが「小さいながらも非常に強力なボットネット」を操作していたことを突き止めた。そのボットネットは、「アメリカに存在している、少なくとも五つの大手データブローカー」の内部システムに侵入し、そのシステムを制御していたようだ、と彼は指摘している。その侵入を受けた大手ブローカーには、世界的に有名なデータベース企業レクシスネクシスや、信用調査企業ダンアンドブラッドストリート（D&B）などが含まれていた。

つまり、大まかに言えば、SSNDOBは大量のデータを保持しているような大手ブローカーにサイバー攻撃を仕掛けてデータを盗み、それを転売していた可能性が高いということだ。この件に関してレクシスネクシスは、「侵入は認められるものの、顧客や消費者のデータが盗まれた証拠は、現時点で見つかっていない」とコメントしている。また、FBIのスポークスマンは、SSNDOBによるデータ侵害そのものについて「調査進行中」と発表している。

もうひとつは、データブローカーに対する米連邦取引委員会（以下FTC）の動向だ。二〇一四年五月二七日、FTCはレポート[4]（DATA BROKERS-A Call for Transparency and Accountability）を発表し、データブローカー対策の立法をアメリカ議会に訴えた。

端的に言えば、FTCが求めたのは、「ブローカーによるデータの収集法や、収集したデータの用途や販売について、またそれらを修正、削除する方法について、より簡単に消費者が知ることができるようにするための法案」の成立だ。

このレポートは、アメリカの九社のデータブローカーについて調査したものだ。それらの企業は、クライアントの企業が消費者と直接連絡を取り合うことなく身元を確認するため、あるいはマーケティング活動を行えるようにするためのデータを収集している。現時点で、それらの活動には違法性はない。しかし、FTCは収集されたデータに幅広いカテゴリーが設定されていること、そしてブローカー業者が「ほぼ全てのアメリカの消費者」の情報を持っていることに懸念を示している。

「あなたはデータブローカーを知らないかもしれないが、彼らはあなたを知っている。彼らはあなたが住む場所、あなたが購入するもの、あなたの収入、あなたの民族、あなたの子供の年齢、あなたの健康状態、そしてあなたが興味を持つものや趣味について知っている。この業種は闇の中で活動しており……そこで扱われている情報の膨大さは、私にとって非常に驚くべきものだ」と、FTCのエディス・ラミレス委員長は警鐘を鳴らす(5)。

FTCは、これらの情報が広告業者や保険会社などに利用され、結果として消費者に害が及ぶ危険性を挙げており、それはメディアでも問題視されている。最近、特に話題となっているのは、個人の健康状態に関する情報の取り扱いだ。

二〇一四年六月のブルームバーグの報道[6]によると、アメリカ人が大きなサイズの専門店で衣類を購入した情報、スポーツジムを退会した情報、煙草を購入した情報などがブローカーの手に渡っており、それらは病院などの医療機関に販売されているという。

これらの記事の中で案じられているのは、「現時点で合法となっているブローカーの営業活動への悪影響」だが、より恐ろしいのは、SSNDOBのような違法の闇サービスが、より詳細でセンシティブな個人情報を大手ブローカーから丸ごと奪ってしまう可能性が十分にあることだ。ブローカーがサイバー攻撃を受け、膨大な数のデータが違法サービスの手に渡った場合、そのデータは相手を選ぶことなく無分別に販売されてしまうだろう。

さらに彼らのデータもまた盗まれる可能性がある――実際SSNDOBも、二〇一三年の夏に攻撃を受けてデータを強奪されており、先述のクレブスも流出したデータのコピーを自らの調査に利用したと記している。

医療・保険データは「カネになる」

そして今、サイバー犯罪者の間で「カネになる」と最も言われているのが、医療機関や保険会社のデータベースに収められている個人情報だ。

二〇一五年九月二九日、米ハーバード大学の研究者たちが論文（De-anonymizing South Korean Resident Registration Numbers Shared in Prescription Data）を発表した。この論文は、個人を特定できないはずの、韓国の患者医療データを非匿名化する実験を示したものだ（ただしプライバシーを考慮し、調査対象は故人のデータに限定されている）。この実験で、彼らは二万三一六三件のデータから二万三一六三人分、つまり一〇〇％の患者のＲＲＮ（Resident Registration Number：韓国の住民登録番号）を割り出すことに成功した。

韓国の全国民に発行されているＲＲＮは、一九六八年から運用されてきた住民登録番号で、日本のマイナンバー制度と似た役割を担っている。しかし、過去に何度も繰り返されてきた大規模なサイバー攻撃を通して、最低でも国民の八〇％以上の番号情報が流出したと考えられているため、韓国政府はＲＲＮに替わる新たな制度構築を進める方針を表明している。(7)

ハーバード大の研究者たちが今回の実験で用いた医療データには、患者の氏名や住所などの一般的な個人情報が何も含まれておらず、ＲＲＮは暗号化されていた。彼らは、その暗号化されたＲＲＮを復号することで個人の特定に成功したのだ。研究者らは、このような技術を用いて患者の医療情報を非匿名化できる国は世界中にあると主張しており、例としてアメリカに本社を置く多国籍企業ＩＭＳヘルス社の名を挙げている。

英ＩＴメディア『ザ・レジスター（The Register）』の記事[8]によると、ＩＭＳ社は一〇ペタバイト分の患者の医療データを保管する業界最大手のベンダーのひとつだ。同社は、プライバシー法に違反した疑いで民事訴訟を起こされている。ＩＭＳ社の提携業者が収集した患者の医療データを、患者の了承を得ないままＩＭＳコリアに販売目的で横流ししたという問題が取り沙汰されているためだ。ＩＭＳ社がリサーチ業者や分析企業と共有したと考えられている「匿名化された患者のデータ」は、今回の実験で解読されたデータに類似したものだと研究者たちは指摘する。

医療機器の情報セキュリティは、今後大きな問題となるだろう。このようなデバイスが攻撃された場合、考えられる被害は少なくとも二つある。医療機器そのものが誤作動を起こして患者の人体が危険に晒されるという問題と、侵害された医療機器から患者や病院に関連したデータが漏洩するという問題だ。

危険性が分かりやすい前者と比べると、後者は地味である。サイバー攻撃による顧客情報の流出など、いまや世界中の企業や組織で頻繁に起きているため、大きな脅威ではないと考える人もいるかもしれない。しかし医療関連の個人情報は、サイバー闇市場のデータブローカーたちの間で、数年前から特に注目されるようになった「極上のセンシティブな情報」であり、それはクレジットカード情報などよりもはるかに高値で売買されている。

この流行は衰える兆しがない。それどころか、最近ではシギント（主に通信や信号を傍受して行う諜報活動）を行うスパイたちの間でも医療データの人気が上昇しているようだ。ロイターは二〇一五年六月、「サイバー犯罪者のお宝『医療データ』が、いまはサイバースパイの標的に」[9]というタイトルの記事を発表した。その記事は、二〇一五年前半にアメリカを震撼させたアメリカ連邦人事管理局（ＯＰＭ）の職員情報漏洩事件と、それよりも前に起こったアメリカの医療機関（保険企業のアンセム社とヘルスケアサービス企業のプリメーラ・ブルー・クロス社）に対するハッキング攻撃に共通点が多いことを指摘した内容で、アメリカを襲った三つの攻撃と、昨今のサイバースパイが標的とするデータの傾向について考察している[10]。

犯罪者やスパイに個人の医療データが狙われているという事実は、これからＩｏＴ化（Internet of Things：モノのインターネット。インターネットにＩＴ機器以外の様々な機器

〔モノ〕を接続すること〕の進む社会において大いに懸念すべきことだろう。なぜなら医療機器に限らず、将来的には様々なデバイスが、ユーザーの健康に関する情報を記録するようになることが予想されるからだ。

現在でも我々の周囲には、フィットネス系のウェアラブルデバイスやスマートフォンのアプリなど、ユーザー個人の健康を管理するためのツールが溢れており、その数は年々増加している。個人的なデータを膨大に記録しているにも関わらず、これらのデバイスの多くは、セキュリティよりも「軽量化」「快適な動作」を重視した設計となっており、しかも常時もしくは頻繁にインターネットに接続されている。米ヘルスライン社が二〇一五年六月に行った調査では、ヘルスケアのデバイスやアプリを利用している人々の約五〇%が、「自分の健康データがハッカーに盗まれることを恐れている」と回答している。[11]

そして今後は、一般的な家電にもヘルスケアの機能が広がるものと予測されている。IoT化が進むにつれ、冷蔵庫や自動車、テレビなどが、ユーザーの食生活や運動量などの個人データを二四時間記録し、「ビタミンと繊維の足りていないあなたのために」「運動不足のあなたのために」と、様々なアドバイスや広告を提供するようになるだろう。その記録はユーザーの知らぬ間に抜き出され、個人を特定できる情報と共に闇市場で売買されるかもしれない。

流出情報が「成りすまし」に使われる？

では、そもそも犯罪者たちは盗み出したデータを何に使うのだろうか？　なぜ、それらのデータはクレジットカード情報よりも高値で売買されているのか？

健康や医療は、多くの人にとっても関心の高いテーマだ。具体的な病名や症状に限定した話題であれば、さらに興味を持たれやすい。「1型糖尿病に悩むあなたのための生活習慣プログラム」と題されたスパムメールが、たまたま該当する人物に届けば開封される確率は上がる。

実際、数年前の北米ではアダルト系やマルチ商法などのスパムが大幅に減り、健康に関連するテーマのスパムが急激に増えているという報告[12]が相次いだ。この話題は、後述の「ロシアの犯罪組織」とも関連するので、記憶に留めておいていただきたい。

そのメールがスパムではなく、医師や家族から届いたものであるかのように偽装された標的型攻撃メール（特定の組織や人物の情報を狙って行われるサイバー攻撃の一種）だった場合はさらに危険だ。愛娘のメールアドレスから「お父さんの慢性腎不全が心配なので、ちょっと調べてみました」と記されたメールが届き、そこに「食事療法.xls」などと名付けられたファイルが添付されていたなら、そのファイルが開かれる可能性は高い。

　昨今のサイバー犯罪者たちは、感染先をよりピンポイントに狙う傾向にあるため、個人の健康に関するデリケートな情報、つまり、ごく親しい者しか知らないはずの個人情報はターゲットの用心を奪うのに有効だ。そして今後、IoTの冷蔵庫が、ユーザーの消費する缶ビールや清涼飲料の量、あるいは月あたりのカロリー摂取数などを記録するようになれば、それらのデータも同様に利用されるだろう。

　他人のID情報を奪い、被害者に成りすまして銀行口座を開く、ローンを組む、あるいは国からの援助を受けるなどの悪事を働く「ID泥棒」は、北米圏を中心に広がっている。あなたが「あなた」であることを証明する情報が根こそぎ奪われたとき、あなたは「誰かが私に成りすましている」と主張することも難しくなる。なぜなら、加害者と被害者のどちらが本物であるのかを見極めるのは困難であり、また多くの場合、加害者は素早く情報を書き換えてしまうからだ。

　成りすましを行う犯罪者にとって障害となっていたのは、自分の意思では変更できない、本人の身体的特徴やDNAに関する情報の不足だった。たとえば、犯罪者Zが闇業者から被害者A氏の個人情報を入手し、完全にA氏に成りすまそうとしても、手に入れたデータにはA氏の髪や目の色、体格などといった特徴まで記載されていないのが普通だ。しかし医療やヘルスケアのデータが盗まれた場合、闇業者のデータベースに「身体的な特徴」を示す項目も追加される可能性が高い。その情報が事前に分かっていれば、犯罪者Zは、自分の容姿をA氏に似せる必要すらない。最初からA氏よりも年齢層が近く、外見の特徴が自分に近いB氏をターゲットとして選択できるようになるからだ。

このような大がかりな犯罪行為ではなくても、もう少し単純な手法で、あるいは合法的な手法で、医療情報を活用したいと望む人々もいるだろう。市民の健康上の問題や生活習慣のデータがあれば、肥満ぎみの人々に向けて、あるいは喫煙者に向けて、ターゲットを絞り込んだ効果的な販促活動を行うことができるため、それは健康商品の業者にとっても有益だ。特に完治の難しい病気の患者は、同じ医薬品を何年も購入し続けなければならないため、その情報は付加価値が高い。

医療品の販促に関しては、前出のクレブスが、自著『スパムネイション（Spam Nation: The Inside Story of Organized Cybercrime—from Global Epidemic to Your Front Door, 2014）』の中で、「ロシアン・ビジネス・ネットワーク」と呼ばれる巨大な闇市場を拡大させてきたロシアのサイバー犯罪者たちに関する興味深いエピソードを紹介している。

彼らは、一般的な小売店よりもはるかに安い価格で薬品を提供するオンライン薬局を無免許で運営し、主にアメリカに向けて宣伝のスパムメールを送ることで、数多くの顧客を摑んだ。その売り上げは、幅広い活動の資金源となっていたようだ。ちなみに、悪名高きトロイの木馬型のマルウェア「ゲームオーバー・ゼウス（Gameover Zeus）」の作者も、この活動に参加していたものと見られている。

個人の健康や医療に関するデータは、このように様々な手段で活用することができる。発想の豊かな犯罪者たちは、ここに挙げていない使い道も考えつくはずだ。たとえば医療機器そのものの脆弱性と、医療機関から漏洩したデータを組み合わせた場合はどうだろうか？　狙った患者の持病、その患者が入院している病院、そこで利用されている医療機器も分かっていれば、特定の人物に利用されている薬物注入ポンプの脆弱性をインターネット経由で攻撃し、投薬量を遠隔操作で変更し、患者を死に至らしめることも可能となるかもしれない。

前述した「韓国の患者の非匿名化の実験」を発表した研究者たちは、自身の研究について次のように記している。

「この研究はタイムリーなものだ。なぜなら現在、韓国は国の識別番号の再設計を議論しており（注：RRNに替わる新しい制度のこと）、またアメリカは新しい『全国的な患者の識別子』を検討しており、そして世界中の国々は、『国のIDシステムに依存した個人情報』のデータ侵害に手を焼いているからだ」

さて、日本はどうだろう？　マイナンバーの運用が始まったばかりの現時点では、まだその「国民の一人ひとりを特定する番号」と医療データは結びついていないが、二〇一八年度以降、新たに導入される医療番号がマイナンバーと連動する予定になっている。二〇一六年四月一〇日付の『読売新聞』が一面トップで報じているように、患者データを患者の同意なしで匿名化して蓄積し、新薬の開発や治療方法の効率化に役立てるための新制度創設への動きもある。韓国のケースは、決して対岸の火事ではない。

歌舞伎町の出会い系サイト

日本のデータブローカーの実態についても述べておきたい。ベネッセコーポレーションから個人情報が大量に流出した事件では、容疑者の男が計一五回に渡りベネッセから個人情報を持ち出し、名簿業者に二五〇万円で売り渡したと報じられた。名簿の販売自体は昔から行われており、違法行為ではないとはいえ、ベネッセの情報を買い取ったデータブローカー（名簿業者）にも社会的な非難が集まった。

データブローカーとひとくちに言っても「表」と「裏」の二種類の業者が存在するのはアメリカと同様である。ベネッセの件で登場したような表のデータブローカー（合法の範囲で名簿を取引している業者）については、本書の主旨から外れるので触れない。では、闇市場で売買を行う裏のデータブローカーはどのようなものだろうか。

まず始めに、日本の裏データブローカーの傾向を調査した結果から述べると、ダークウェブとの結びつきは他国に比べて強くはない。これはサイバー闇市場において日本語を扱うサイトが少ないこともあるが、日本の裏データブローカーが売買するデータの種類に偏りがあるためだ。日本で最も頻繁に取引されているとみられるデータは、出会い系サイト、競馬予想サイト、情報商材サイト、アダルト動画サイトといった、人間の欲望に直結したサービスの登録者情報だ。複数のデータブローカー関係者の話によれば、データの売買はダークウェブを通してではなく、顔を合わせたリアルな取引として行われるケースが多いという。

「インターネットを通じて、見知らぬ相手から『リストを買わないか』と持ちかけられる

こともあるが、交渉は顔を合わせて行う」（データブローカー）

彼らの主な業務は、スパムメールの送信に利用できる個人情報の収集や販売で、「過去に有料サイトを利用したユーザー限定」のデータと銘打って販売することもある。過去に一度でも出会い系サイトを使ったことのあるユーザーの方が再利用する確率が高く、スパムメールを送る相手として効率が良いからだ。

出会い系業者などは、こういったデータブローカーから買ったリストのメールアドレスに宛てて、定期的に大量のスパムメールを配信することで集客に繋げるというのが基本的な流れである。あとは、一度登録したユーザーや繋がりのある別の出会い系サイトのユーザーのリストをグルグルと使い回して、より多くカネを払わせるというわけだ。ただし、彼らの世界にはコンプライアンスも守秘義務も存在しないため、リストの横流しなどは日常茶飯事。お互いで騙し合うことも珍しくない。

興味深いのは、こうした個人情報の売買を行うデータブローカーのことを、アンダーグラウンドの一部で「広告代理店」と呼んでいることだ。なぜデータブローカーが広告代理店と呼ばれるようになったかというと、「ＩＴ系の広告代理店と名乗った方が女性にモテるという単純な理由」（出会い系サイトの運営に詳しいセキュリティ関係者）からだという。

歌舞伎町や六本木のクラブやキャバクラなどで「俺は、ＩＴ系の広告代理店をやっている」と名乗っているうちに、第三者からも広告代理店と呼ばれるようになったという説がまことしやかに広まっている。一時期、闇金業者や振り込め詐欺の連中が「金融系」を名乗ったのと似たような感覚なのだろう。

なお、こうした氏名や年齢、住所、性別、メールアドレスなどが含まれたデータは、一件につき一円から五円で売買されるのが相場だ。中でも特に頻繁にカネを払う利用者の情報は高値で取引される傾向にある。

また、データの信頼性が低いことへの保険として、元になるデータによる売り上げに応じてマージンを支払うという取引形態も多い。買ったデータの質が高ければ売り上げは大きくなるし、質が低ければ売り上げは伸びないというシンプルな考え方からだ。出会い系サイトなどから集客を請け負っている暴力団関係者が明かす。

「我々の場合は、様々なルートを通じて個人情報を入手し、そのデータのメールアドレスに対して、出会い系サイトなどへの勧誘メールを大量に配信しています。クライアントとなる出会い系サイト業者からは、うちから配信したメールアドレスが登録されれば、そのユーザーが支払った額の三〇～四〇％を成果報酬として受け取る仕組みです。いわゆる課金保証モデルってやつです。最近はクライアントがうるさくなってきて、ユーザーが登録してから支払いが三~四カ月間続かないと成果報酬が出ないケースもあります。まあ、これは自分たちで大量に生成したメールアドレスをクライアントのサービスに登録して、成果報酬をいただいちまおうって手口が横行したからなんですけど。だから今は、いかに純度の高い個人情報をデータブローカーから手に入れるかに苦労しています」

この暴力団関係者もやはり、データの売買ルートは顔を合わせた直接的なやり取りのほうが多いという。ただ、その流れも変わってきているようだ。

「LINEや出会い系のチャットアプリが広がってきたことで、今の若い子たちはメールをほとんど使いません。おかげでスパムメール業者はどんどん衰退しています。我々としても新しい収入源を確保するために、今までとは違ったルートで個人情報を集める必要があると考えているところです」

少し横道に逸れるが、日本国内で出会い系サイトを運営しているのは、どんな組織だろうか。参考までに、新宿歌舞伎町を中心に活動する、ある出会い系サービスの業者について紹介したい。キャバクラや風俗店がひしめく歌舞伎町の猥雑な一角に事務所を構えるこの業者は、以前行っていたテレクラの運営で培った「出会い系」サービスのノウハウを活かし、出会い系サイトの構築・運営システムを開発。そのシステムやノウハウを多くの出会い系サイト運営業者に販売するという、まさにインターネット業界の裏ＳＩ（システム・インテグレーター）屋としての役割も担っている。システムの値段は三〇〇万円から五〇〇万円が相場と言われており、かなり多くの出会い系サイトが同社のシステムやその派生型を使っているとみられる。

こういった出会い系業者には合法的な企業もあるが、なかには運営する出会い系サイトを通じて収集したメールアドレスなどの個人情報を使い、スパムメールの配信や高額請求といった犯罪スレスレもしくは犯罪そのものの行為を行っているケースも少なくない。収集した個人情報は前述のような他のデータブローカーなどにも転売され、架空請求などに使われることもある。この手のビジネスは、運営する優秀なオペレーターを二〜三人用意できれば、一カ月に数百万〜一〇〇〇万円近くは利益を出すことができると言われており、まっとうなインターネット・サービスに比べてかなり「オイシイ」商売だと言える。

ただ、あるサイバーセキュリティの専門家によれば、「同社が開発したシステムのプログラムコードを見る機会があったが、恐ろしいほど汚く、セキュリティ的にも突っ込みどころがいくつもある代物だった。そのため、実際に運用しているサービスがサイバー攻撃を受け、中の情報が盗まれることも珍しくないようだ」と言う。

そもそもが、スパムメールの配信や高額請求をすることを目的に作られているだけであり、セキュリティの観点など存在しないのだろう。したがって、この手の出会い系サイトを利用すると、身に覚えのない高額請求をされたり、データを他の業者に転売されたりする可能性がある。そのうえ、アシュレイ・マディソンの例を挙げるまでもなく、悪意ある外部の攻撃者にサイトへ侵入されて登録されているデータが盗まれることもあり得るので、利用するのは非常に危険だ。また最近では、ソーシャルゲームやスマートフォン・アプリの形をした出会い系サービスも増えているが、基本的な構造は変わらない。甘い言葉でユーザーを集め、あの手この手でカネを払わせた挙句に、データを転売したり、高額請求したりするのはお決まりである。

このように、日本におけるサイバー空間の違法ビジネスも、表の社会と同じように分業化が進んでおり、違法業者を相手にシステムやノウハウを売る企業から、スパムメールの配信業者、広告代理店を装ったデータブローカー、高額請求や架空請求の取り立て屋まで、その生態は様々である。

このような「ビジネス」の個々がグレーゾーンなのか、犯罪そのものなのかを外側から明確に見定めるのは難しいが、彼らの根底にあるのは「サイバー空間が無秩序なうちに稼ぐだけ稼げ」というシンプルな論理だけだ。彼らが新しい取引を求めて、より深いダークウェブの闇市場に大挙して進出してくる日も遠くないだろう。

注

（1）McAfee: The Hidden Data Economy
http://www.mcafee.com/us/resources/reports/rp-hidden-data-economy.pdf

（2）SSNDOB（現在は閉鎖中）
http://ssndob.ms/

（3）Data Broker Giants Hacked by ID Theft Service
http://krebsonsecurity.com/2013/09/data-broker-giants-hacked-by-id-theft-service/

（4）DATA BROKERS-A Call for Transparency and Accountability
https://www.ftc.gov/system/files/documents/reports/data-brokers-call-transparency-accountability-report-federal-trade-commission-may-2014/140527databrokerreport.pdf

（5）U.S. regulator urges law to force disclosures by data brokers
http://www.reuters.com/article/usa-privacy-databrokers-idUSL1N0OD12K20140527

（6）Hospitals Soon See Donuts-to-Cigarette Charges for Health
http://www.bloomberg.com/news/articles/2014-06-26/hospitals-soon-see-donuts-to-

cigarette-charges-for-health
(7) 「朴槿恵大統領のＩＤも流出　韓国が『住民登録番号制度』再編成へ」
https://the01.jp/p0001286/
(8) Has somebody shared your 'anonymised' health data? Bad news
http://www.theregister.co.uk/2015/10/02/s_korean_anonymised_health_data_sharing_a_breach_in_waiting/
(9) Medical data, cybercriminals' holy grail, now espionage target
http://www.reuters.com/article/cybersecurity-usa-targets-idUSL3N0YR30R20150605
(10) 「年金情報漏洩より遥かに深刻？　連邦職員情報『１８００万件』流出に揺れる米国」
https://the01.jp/p000187/
(11) Consumers Like Wearable Technology but Worry About Data Security（Healthline）
http://www.healthline.com/health-news/consumers-concerned-about-privacy-personal-health-data-wearables-mobile-apps-072815
(12) One-third Of Spam Is 'Health'-related
https://www.sciencedaily.com/releases/2007/09/070918080952.htm

第3章　サイバー闇市場へのアクセス

闇市場の成り立ち

サイバー闇市場と一口に言っても、そこで行われている活動が多岐にわたっていることは、ここまで見てきたとおりだ。インターネットが社会に広がりはじめた「ある時点」から、それまで実社会の裏側で行われていた闇取引の一部がインターネット空間に持ち込まれはじめたのだが、今となってはその「ある時点」がいつなのかを特定するのは困難である。明らかなのは、リアル社会の活動がインターネット化されていけばいくほど、同じように裏の活動もインターネット化されていったということだ。善意であれ、悪意であれ、インターネットが人々のコミュニケーションに重要であることには変わりはなく、これは自然な成り行きだ。

現在、先進国におけるインターネットの人口普及率は七八％に達している。(1) 日本はさらに高く約九一％である。今やインターネット空間で起こっていることは、リアル社会の写し鏡であり、事象そのものに特異性が認められるケースはごく限られてきたと考えても差し支えないはずだ。

ダークウェブ誕生以前から、インターネットには様々な闇市場が存在してきた。偽造品や盗まれた個人情報がサーフェイスウェブやディープウェブの掲示板などで売り出されている光景は今でも珍しいものではないし、ハッキングツールやマルウェアの売買も従来から行われていたことだ。

日本最大の掲示板「2ちゃんねる」も闇市場の一端を担ってきた存在だ。たとえば、2ちゃんねるの「裏社会」カテゴリーに一九九九年五月に作られた「薬・違法板」は、当初は麻薬に関する一般的な話題がやり取りされていた場だったが、二〇〇六年頃から隠語を使った違法薬物の取引を行う場に変容。これを受けて、二〇一〇年頃から「2ちゃんねる」運営サイドは薬・違法板の書き込み規制を強化したものの、警視庁は対策が不十分だとし、二〇一二年に元管理人の西村博之を麻薬特例法違反幇助の疑いで書類送検している。薬物売買の書き込み削除依頼を放置したというのが主な理由だ（その後、不起訴処分）。薬・違法板は二〇一四年四月になり、ようやく閉鎖された。

リアル社会での犯罪行為をインターネットで募集し、それが事件化したケースもある。二〇〇〇年代の半ばから後半にかけては、携帯電話向けの違法情報掲示板「闇の職業安定所[2]」を巡る事件が頻発した。二〇〇五年には、闇の職業安定所を通じて強盗仲間を募り、民家に押し入ったとして、強盗・監禁などの容疑で首謀者と実行犯ら七人が警視庁に逮捕

2016/03/17(木) 05:50:47	★★★エリミン★ベタナミン★★★	9	2016/03/23(水) 14:31:31
2016/03/14(月) 05:41:07	○●○●☆●○●○関西 大阪 氷 野菜 手押し & 配達 エクスプレス ●○●○☆○	78	2016/03/23(水) 14:31:04
2016/03/20(日) 12:56:41	本日 14時まで 激安 販売	9	2016/03/23(水) 14:30:32
2016/03/18(金) 23:21:03	☆★☆★☆急行配達本舗★☆★☆★	6	2016/03/23(水) 14:30:03
2016/03/14(月) 09:22:38	☆関西配達_全国郵送_クリスタル☆	14	2016/03/23(水) 14:29:01
2016/03/14(月) 02:36:52	★★★上質な白★★★名古屋★★★予約受付中★★★	15	2016/03/23(水) 14:28:39
2016/03/21(月) 09:40:04	大阪白、緑上質あります。	5	2016/03/23(水) 14:28:13
2016/03/14(月) 06:34:42	☆○☆○☆○関西 大阪 氷 野菜 手押し & 配達 エクスプレス○☆○☆○☆	13	2016/03/23(水) 14:27:48
2016/03/19(土) 11:56:03	★ユーザーのための詐欺情報★	106	2016/03/23(水) 14:27:02
2016/03/18(金) 18:40:04	大阪市内	19	2016/03/23(水) 14:10:27
2016/03/19(土) 01:23:33	大阪市内キメ友	25	2016/03/23(水) 14:05:18
2016/03/17(木) 20:57:40	横浜で氷・野菜・チャリンコ探すならクリスタルにおいで!!^o^	28	2016/03/23(水) 13:40:17
2016/03/15(火) 22:33:17	上質な白・S、野菜あります。	35	2016/03/23(水) 13:37:22
2016/03/14(月) 11:45:12	◆◆◆◆　神奈川迅速配達!!ご新規様大歓迎　◆◆◆◆	48	2016/03/23(水) 13:34:38
2016/03/15(火) 12:35:54	●●●神奈川県最高級アイス専門店!!品質間違いなし!!24時間対応!!●●●	31	2016/03/23(水) 13:33:09
2016/03/21(月) 23:54:11	今までの物を忘れてしまうかも…？昔に戻ったかのようなききのクリスタル！ 大阪市内、近辺、手押しします。	3	2016/03/23(水) 13:31:40
2016/03/19(土) 18:49:42	大阪ゴールデンアイス☆	10	2016/03/23(水) 13:28:16
2016/03/22(火) 09:52:41	銀行口座、携帯 販売します	3	2016/03/23(水) 13:17:03
2016/03/14(月) 02:50:54	…関東エリア	43	2016/03/23(水) 13:12:15
2016/03/15(火) 21:52:37	アロマリキッド	2	2016/03/23(水) 11:51:17
2016/03/15(火) 21:53:47	アロマ	2	2016/03/23(水) 11:50:22
2016/03/14(月) 13:25:40	上質な白☆高知あります	5	2016/03/23(水) 11:48:03
2016/03/22(火) 11:30:09	大阪南八百屋	3	2016/03/23(水) 11:43:00
2016/03/14(月) 05:34:10	○●○●○●○●関西 大阪 氷 野菜 手押し & 配達 エクスプレス ○●○●○ｚ	5	2016/03/23(水) 11:10:20
2016/03/22(火) 01:38:21	【東京】24時営業、手押し(手押しの際に確認ok！)、上質な物を揃えています！	3	2016/03/23(水) 10:02:54
2016/03/21(月) 09:26:40	大阪市内上質、白、緑あります。	6	2016/03/23(水) 09:30:47
2016/03/20(日) 11:09:13	*:゜。さいたま発＊県外対応可＊1度お試しください。゜:*	2	2016/03/23(水) 08:56:49
2016/03/16(水) 19:43:10	名古屋のネタ屋さんいないの？	15	2016/03/23(水) 08:56:29
2016/03/20(日) 06:33:54	【大阪】ブリケー・粉吹きまくりのスウィーティーな香りを放つ極上野菜・シャキッとキてよく冷えます♪	16	2016/03/23(水) 08:54:47
2016/03/18(金) 13:30:32	静岡県てアイス手押し希望です	10	2016/03/23(水) 08:53:20
2016/03/20(日) 22:43:34	切実！福岡、博多、東区	4	2016/03/23(水) 08:52:55
2016/03/17(木) 12:37:20	★★★★★大阪全域配達☆全都道府県郵送★★★★★	11	2016/03/23(水) 08:51:31

違法ドラッグ取引の掲示板

されている。逮捕者には指定暴力団幹部も含まれており、当時の警察の中では、この手の掲示板が新しい犯罪の温床になるのではないかと警戒感が強まっていたようだ。二〇〇七年には、愛知県で女性が「闇の職業安定所」を通じて知り合った男三人に強盗目的で拉致され、殺害されるという痛ましい事件も起こっている。

　では、ダークウェブの誕生前と誕生後で、サイバー闇市場の何が変わったのだろうか。それは一言で言えば、実態把握の困難さだ。そもそも闇取引自体が裏側で行われているものだが、それがダークウェブに移行したことで外部から活動を捕捉することがいっそう難しくなった。例えるなら、これまで路地裏で行われていた取引が、完全に地下に潜って行われるようになったイメージだ。犯罪者側から見れば、これまでよりも「安全」に活動できる領域が広がったわけだ。

各国の捜査当局でさえ実態が把握できていないほどの、巨大な闇市場が出来上がった最大の要因は、それ以前のインターネットにはなかったテクノロジーの登場にある。その代表的なものが「Ｔｏｒ」と「ビットコイン」だ。言うまでもなく、この二つはインターネットやビジネスの世界を大きく変えた非常に優れた技術イノベーションであり、決して悪意を持って使われることを想定して生み出されたものではない。むしろ、自由や人権を守るための活動や、ビジネスにおける新しい価値の創造といった側面で語ったほうが評価としては正当である。

だがそれと同時に、その匿名性や秘匿性の高さから、多くの犯罪者が積極的に利用するツールとして広まり、今やサイバー闇市場を支えるテクノロジーとして絶大な「信頼」を得るまでになったのも事実だ。ダークウェブに欠かせないこの二つのテクノロジーとは一体どういうものか。なるべく専門的な記述は避けつつ、サイバー闇市場の拡大を担うに至った理由について考えていきたい。

ダークウェブを形作る匿名通信ツール「Ｔｏｒ」

「Ｔｏｒ」という名前は元々、「ジ・オニオン・ルーター（The Onion Router)」の略「ＴＯＲ」から来ている。しかし現在では「Ｔｏｒ」で独立した固有名詞ということになっており、何かの略称という扱いはされない。綴る際も頭のＴだけ大文字とされる。だが、オニオン・ルーティングがＴｏｒの中核技術であることに変わりはない。

オニオンとは言うまでもなくタマネギのことだ。現在Ｔｏｒの開発を行っているＴｏｒプロジェクトのロゴマークにも、タマネギが描かれている。オニオン・ルーティングという名前は、通信の仕組みをタマネギに例えたものだ。タマネギはひと皮剝いても同じような身があり、それを剝いてもまた同じような身があり、それを剝いてもまた……と多層構造になっている。オニオン・ルーティングもこのように、暗号化された通信がいくつもの「層」を作るイメージだ。

インターネット上の一般的な通信では、コンピューターが他のコンピューターと直接通信する（物理的な意味では違うが、通信の論理としてはそうなる）。そのため通信相手には、データがどのコンピューター（ＩＰアドレス(3)）から送られてきたかが常にわかるようになっている。だから何も対策を施さずにネット掲示板で犯行予告をしたりすれば、犯人がどこから書き込んだのかが簡単に判明してしまうのだ。

しかしオニオン・ルーティングを利用したＴｏｒでは、通信先は元々どこからその通信が来たのかを知ることはできない。Ｔｏｒでは、通信元と通信先の間に基本的には三つのコンピューター（ノード）[4]が入ることになる。Ｔｏｒを利用するコンピューター（Ｔｏｒクライアント）はまず「入口ノード（ガード）」「中継ノード」「出口ノード」と呼ばれる三つのノードを自動的に選ぶ。そしてそれぞれと暗号化通信を行うための「鍵」を入手する。クライアントは通信を行う際、まず入口ノードの鍵を使って暗号化する。それをまた中継ノードの鍵を使い暗号化、さらに出口ノードの鍵を使いまた暗号化と、暗号化を重ねる。この「タマネギ化」がオニオン・ルーティングの名の由来だ。

クライアントがこの暗号化されたデータを送る相手は、もちろん本来の通信先ではない。「入口」の名が示すとおり、データは最初に入口ノードに送られる。入口ノードは自分の鍵を使ってタマネギの皮を剝くように暗号化を解除するが、中身はさらに暗号化されているため、どこから通信が来たかはわかっても通信内容を知ることはできない。また、もしこの通信が傍受されていたとしても、内容は読めないし、次にどこへ送られるのかもわからない。

Torの仕組み

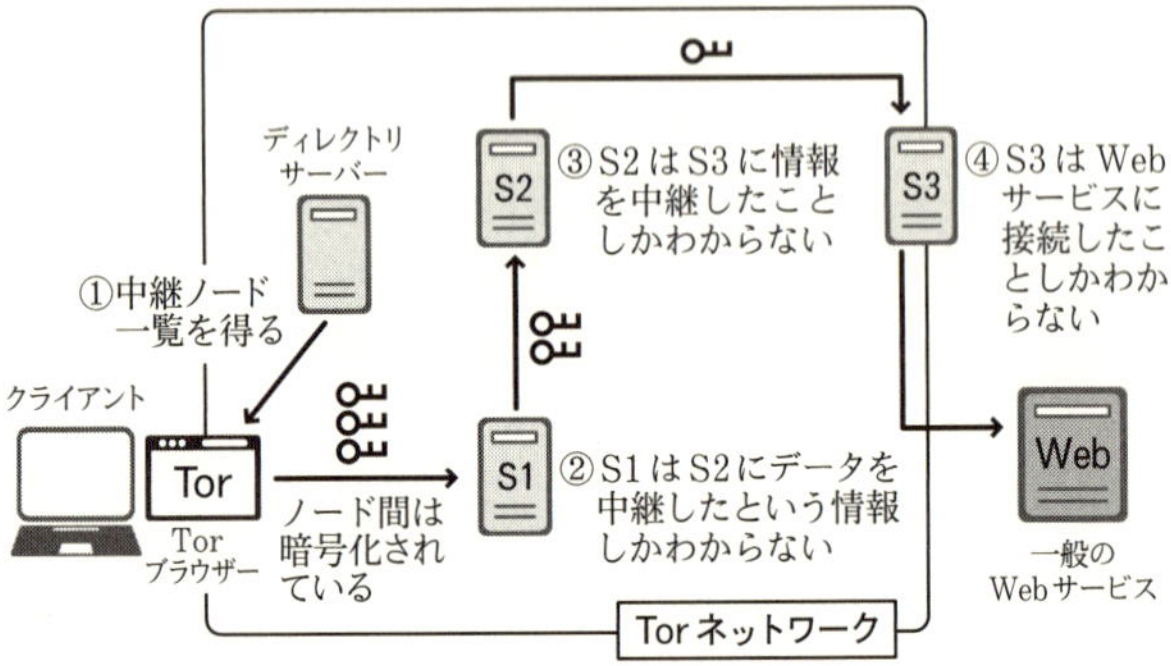

Torの秘匿サービス

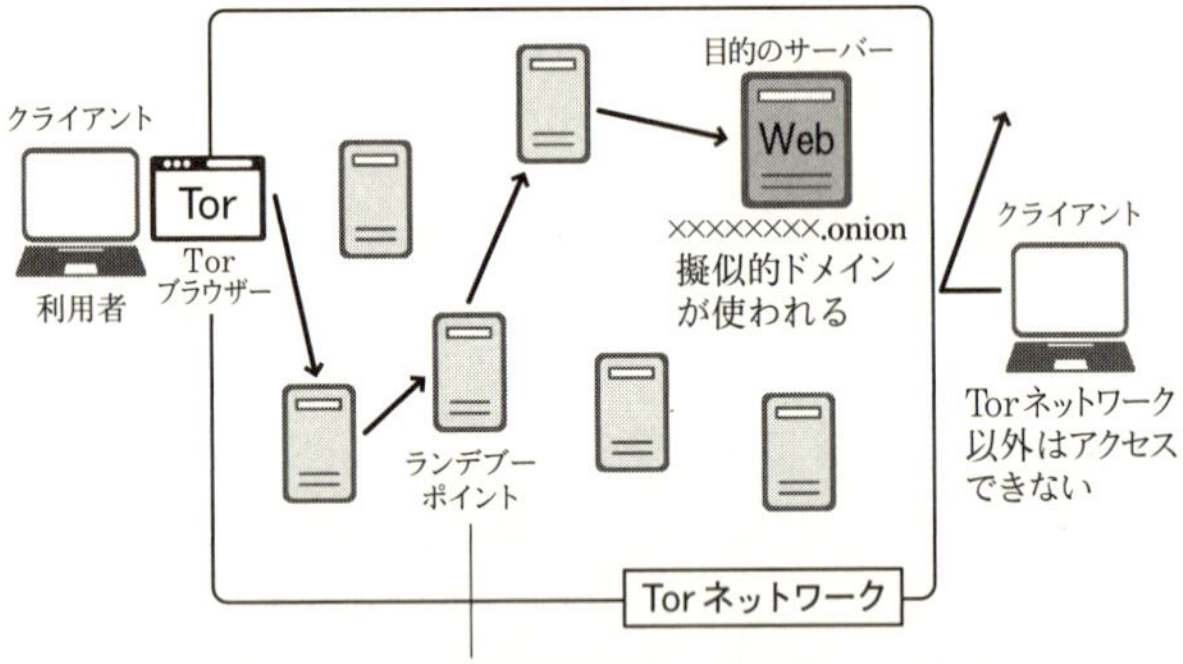

Torネットワーク上に点在する「ランデブーポイント」の情報を参照し、接続元を隠した状態で目的のサイトにランダムな経路をたどりアクセスする。

入口ノードは、暗号を解くことによってどの中継ノードに通信を送るべきかを知る。ただし、そこから先はどこへ送られるかについては全くわからない。そして受け取った中継ノードはやはり自分の鍵で暗号化を解き次の送り先を知るが、まだ暗号化されているので内容は読めない。また、中継ノードにとってこの通信は入口ノードから送られてきたものにすぎず、元々の通信元はわからない。そして中継ノードは出口ノードにデータを送る。出口ノードが暗号を解除すれば、実際の通信先のアドレスと送りたいデータが明らかになり、出口ノードはその相手に接続して通信を行う。出口ノードは通信内容を見ることができるものの、通信経路としてここから辿れるのは中継ノードまでだ。

そして通信先に残るのは出口ノードのアドレスだけで、本来の通信元を知ることはほぼ不可能となる。通信先が返信する場合は、出口ノードからクライアントまで逆の手順で送られることになり、通信先が知ることができるのはやはり出口ノードまで。こうして匿名性が得られるわけだ。

Ｔｏｒクライアントが最初にノードを選ぶことからもわかるように、ノードのアドレスについては公開されている。この一部を乗っ取る、あるいは最初から悪意を持ってノードとして参加することができれば、通信経路の一部は判明するかもしれない。だがノードの数は数千にも及ぶので、狙った相手がたまたまそのノードを選ぶというのは期待できない。

また、中継ノードが一つの場合でも、最低二つのノードを支配していなければ通信元と通信先はわからない。実際には中継ノードが一つとは限らず、非公開の中継ノードを使う仕組みも導入されている。さらに、通信経路は一定時間で変更されるため、ノードの一部を乗っ取ったとしても実際の通信元を突き止めることは極めて困難と言ってよい。

なおＴｏｒの通信は暗号化されるが、主眼はあくまでも通信元を特定されない匿名化であり、暗号化は通信内容を保護する目的よりも、追跡を困難にするためにあると言うべきだろう。もちろんこの暗号は第三者が解読することはほぼ不可能なほど十分に強力だが、暗号化されるのは出口ノードまでだ。出口ノードと通信先の間で交わされる通信は暗号化されない。もしここを傍受できれば、通信内容を知ることができてしまう。これを防ぐには、通信自体を別の方法で暗号化する必要がある。

Ｔｏｒで匿名性を確保できるのは、ウェブサイトの情報を読んだり掲示板に書き込んだりする側だけではない。サーバー側もＴｏｒで保護する、というのが「秘匿サービス」だ。秘匿サービスには、Ｔｏｒネットワーク経由でしか、つまりＴｏｒクライアントを使用しない限りアクセスできない。これにより、サービスが実際にどこで提供されているのかを隠すことはできるが、その性質上から犯罪などに使われやすいというのは、これまで見てきた通りだ。

なお、先にＴｏｒと並んで挙げた「フリーネット」や「Ｉ２Ｐ」も、使われている個別の技術は異なるものの、通信を匿名化することに主眼を置いた仕組みであることや、利用者側の意図は似たようなものだと言える。ただし、本書の目的は、サイバー犯罪と闇市場の実態を明らかにすることなので、フリーネットやＩ２Ｐが生まれた背景や、それぞれの技術的な差異にまでは踏み込まない。

闇市場を拡大させた「ビットコイン」

ダークウェブの闇市場がこれほど急速に発展した理由は多々あるが、その大きな要素のひとつに「ビットコイン」(5)という決済システムの登場があったことは間違いない。Ｔｏｒを使ったダークウェブが登場する以前から、インターネットには闇市場が存在し、様々な違法取引が行われていたが、取引する側の悩みのひとつが決済手段だった。

ビットコインがまだ主流になっていない二〇一一年頃の闇市場では、「犯罪者御用達の銀行」「犯罪者のペイパル」と呼ばれた悪名高い電子決済サービス「リバティ・リザーブ

(Liberty Reserve)[6]」が使われていた。この電子決済サービス自体は合法的に運営されていたものだが、あまりにも犯罪者の利用が多いため、マネーロンダリングの疑いでアメリカの捜査当局に起訴され、リバティ・リザーブは二〇一三年にサービス停止に追い込まれてしまう[7]。後に明らかになったところによれば、マネーロンダリングに関連するものだけで、少なくとも一〇〇万人が五五〇〇万件の取引を行い、総額にして六〇億ドル以上の資金洗浄がなされていたという。

こういった電子決済サービスの他には、オンラインカジノも資金移動に使われる手段の一つではあったが、「安全」「迅速」「信頼」「リーズナブル」といった要素を兼ね備えた決済や資金移動の手段はビットコインが登場するまでは存在しなかった。

ビットコイン誕生のきっかけは、サトシ・ナカモトと名乗る人物が、二〇〇八年一一月に「Cryptography」のメーリングリスト[8]に、ビットコインに関する論文(Bitcoin: A Peer-to-Peer Electronic Cash System)[9]を投稿したことに遡る。その論文をベースにビットコインが開発され、二〇〇九年に運用がスタートした。ビットコインは一般的に「取引所」と呼ばれるサービスを介して利用される。

取引所は日本にも複数存在し、ウェブサイトから申し込むだけで簡単に専用の口座を開

ビットコインの仕組み

2016年5月時点のコインの発行数は約1557万枚（約7600億円）。
発行上限は2100万枚に設定

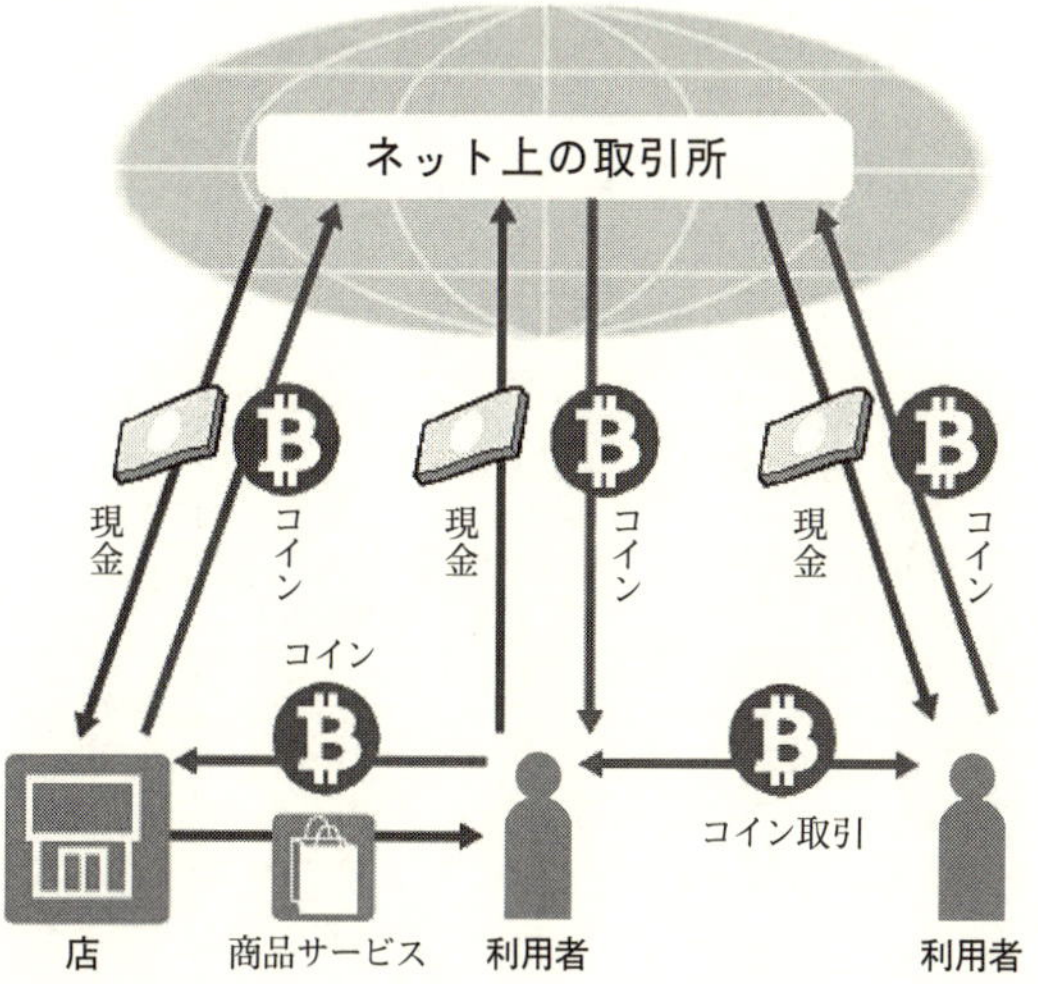

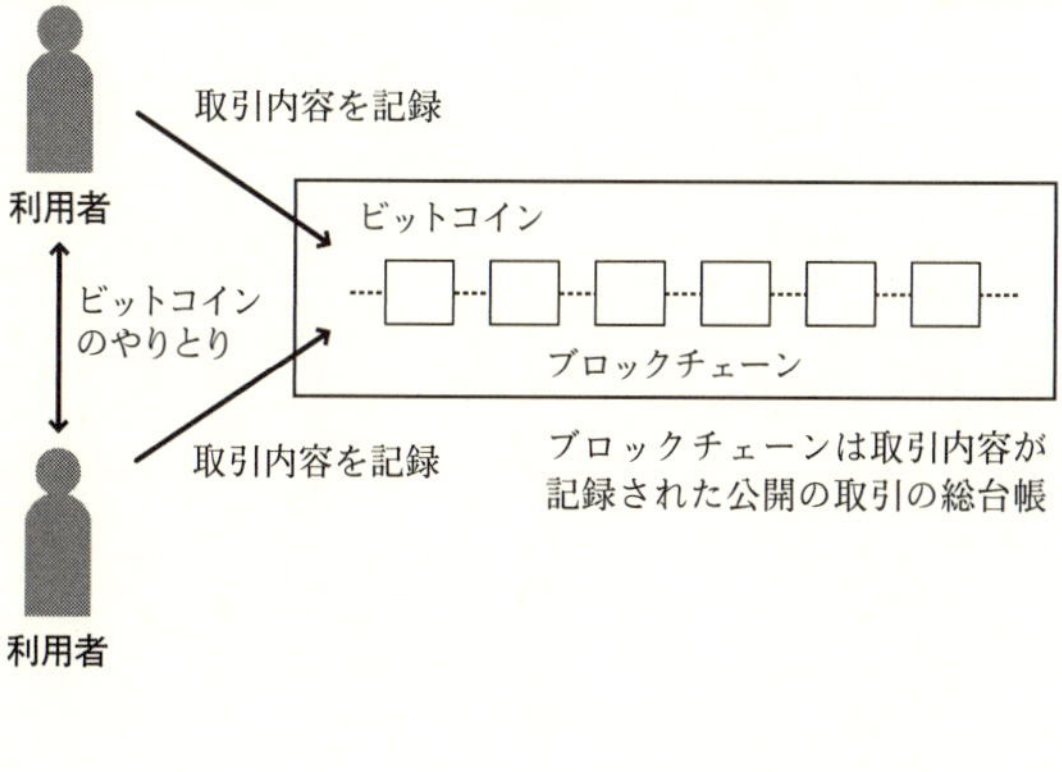

設することが可能だ。ビットコインは外国の通貨と同じく日本円とのレートが日々刻々変わっており、入手するにはその時のレートで購入する必要がある。

ビットコインを利用できるサービスは、Eコマースから海外送金までどんどん拡大しており、それ自体が革新的なアイデアに基づく決済システムであることは間違いないが、その仕組みの詳細を述べるのは本書の主題から外れてしまうので、ここでは闇市場の住人たちにとって、どのようなメリットがあるのかという視点でのみ解説したい。なお、発案者のナカモトは自身の情報を一切明かしておらず、現在もその正体は謎のままである(二〇一六年五月になってオーストラリア人起業家のクレイグ・スティーブン・ライトが「自身が発案者」だと名乗り出たが、懐疑的な声も多い)。

決済が完了したら変更できない――銀行を使った決済は、闇市場の住人にとっては不安定なものだ。顧客から送金をしてもらっても、送金自体や受取人の口座を凍結される可能性もある。中には、サービスや商品を受け取ってから、カネを払うことを渋って当局に通報して口座を停止させる輩もいる。闇市場の世界ではこういったことは珍しくない。その点、ビットコインは「決済したらキャンセルできない」仕組みとなっている。ビットコインは管理者を持たないシステムのため、政府の力を以ってしても止めることができない。また、銀行を利用した海外送金は数日かかるが、ビットコインでは即時（正確には一〇分以内に確定）に相手に送金できるのも魅力だろう。

匿名で利用できる——銀行口座、クレジットカード、ペイパルアカウントなどを開設する場合、本人の個人情報を求められるものだ。どんなに個人情報の確認が緩いサービスでも、氏名とメールアドレスは必ず入力しなくてはならない。だが、ビットコインの場合、基本的に個人情報を登録せずに利用することが可能となっている。とはいえ、ビットコインで匿名性を確保するには、いくつかの注意が必要だ。

ビットコインは手形の裏書きのように、誰がどのように取引を行ったかすべて記録され、第三者が自由に閲覧できる。この仕組みのおかげで、通貨としての信頼性を保っているわけだ。しかし、やりとりをする相手が誰かはわからずとも、同じアドレスを使い回していると、そこからビットコインのやりとりを追跡されてしまう危険性がある。匿名性を高めるのであれば、アドレスを頻繁に変更する必要がある。また、ビットコインの取引所を使う際に「個人情報を登録」した場合、そこから情報が流出する危険性もある。ビットコインは手軽に匿名で資金のやりとりができるシステムではあるが、使い方に気をつけないと個人を特定されてしまう可能性がある。

誰でも利用可能――日本において、反社会的勢力に属する人間は銀行口座の開設ができないように、世界的にも闇の世界の住人たちが表のサービスを利用するのは困難と言える。そのため、盗まれた銀行口座やペイパルアカウントを使ってビジネスを行うのが常だ。しかしビットコインは中央集権的にコントロールされる通貨システムでないため、そのような「差別」は存在しない。利用したいユーザーに等しくサービスが提供されているため、表の住人はもちろん、裏の住人も好んで使うようになった。

信頼性が高い――盗んだ口座やアカウントの利用は、リスクが高い。闇業者から買った銀行口座を使っていて、ある日資金が突然消えた（売った人間が暗証番号を控えていて盗むなど）といったことは、日本の振り込め詐欺事件などでも起こっていることだ。また、そのような犯罪者同士の騙し合いでなくても、先ほど述べたように当局によって口座が凍結されることもある。裏世界で運営されるサービスは、表社会と違い非常に不安定な状況下に置かれているものだ。

一方ビットコインであれば、不正に取得したアカウントを利用する必要はない。サービス分散システムのため当局の圧力にも強く、送金途中にデータをかすめ取られる心配もない。もちろん、暗号化通貨としての信頼性に対して疑問を持つ向きも一部であるものの、ビットコインは、オープンソースをベースにした透明性の高い技術であることから、偽造されにくい通貨として広く信頼を確立していると言えるだろう。匿名性だけが注目されがちなビットコインであるが、この信頼性は闇市場の住人にとってもまた大きなメリットになっていることは間違いない。

その他にも、手数料が安い（無料で送金することも可能）、インターネットに繋ぐことができればどこでも利用可能、利用者が多いことなどが挙げられる。

ビットコインにダーティなイメージがつきまとう理由のひとつには、犯罪者たちが利用しているという事実があるのは間違いない。しかし、殺人に包丁が使われたからといって、包丁が悪いわけでないのと同じで、ビットコインには何の罪もない。むしろ、喰うか喰われるかといった厳しい世界で生き抜いている人間にも信用されるほどの、実力を持った決済システムだということも言えるだろう。

悪のマーケットプレイス

さて、ここまではダークウェブを支えるＴｏｒとビットコインという二つの仕組みを見てきた。これらの技術をどうにか攻略しようという各国捜査機関の取り組みについては次章で述べるが、その前にダークウェブで行われている個別の活動についてもいくつか拾い上げておきたい。頻繁に売買されている商品やサービスについてはすでに触れたので、ここでは具体的にどのような形で提供されているのか、代表的なものを解説する。

ダークウェブの中心的存在といえば、まず「マーケットプレイス」が挙げられる。「闇のイーベイ」や「犯罪者のアマゾン」と言われるほど、そこで取り扱われている違法なサービスや商品は幅広い。なおマーケットプレイスとは、インターネット上で売り手と買い手が自由に参加でき、直接取引できる市場のことで、中間の流通業者を排除することで流通コストを抑えようという仕組みのことだ。日本では、アマゾンや楽天などがこの仕組みを提供している。

マーケットプレイスで取り扱われている商品の種類は、ダークウェブ全体の比率に表れているように、まず目立つのは麻薬関連のものだ。他にも、すでに紹介したような偽造パスポートや偽造免許証、世界各国の偽札、盗難品の貴金属、銃器、流出情報、詐欺商材、ハッキングツール、未発表の脆弱性情報、違法ポルノなども軒並み並ぶ。

大手と言われるマーケットプレイスはおよそ二〇ほどあり、サービス間での競争も活発だ。多くのマーケットプレイスでは基本的に、利用者、出品者、購入者はそれぞれIDとパスワードを作成することを要求される。ユーザー登録が必須なのは、冷やかし客を排除したり、自動（ボット）プログラム、DoS（本章後述）などを弾くためだろう。ユーザー登録に必要なのは、名前、パスワード、CAPTCHA（キャプチャ）認証（歪んだ画像から数字を認識して入力するなど、自動プログラムを排除する手法）の三つというところが多い。

なお、情報交換系のサイトでは、PGP（暗号化プログラムの一種）[10]を使ってメールを暗号化したうえで、審査を行うところもあるので、それに比べれば、マーケットプレイスの会員登録のハードルはダークウェブの中でも低いほうだと言える。これは、マーケットプレイスの収益源が出品者からの手数料（取り引き金額の一～五％）にあるため、少しでも多くのユーザーを増やそうと登録を簡易にしているためだろう。出品者・購入者ともに取引相手から評価される「レーティング」のシステムがあり、商品によってはこのレベルが低いユーザーは取引に参加できないこともある。

また、マーケットプレイス内での連絡方法は暗号化されており、送受信者のみが情報を読める仕組みが提供されている。決済手段としては、やはりビットコインを用意しているところが多く、完全に匿名での決済が可能だ。なかにはユーロ、ドルといった通貨を利用できるところもあるが、値段がビットコイン単価で表記されていることが多いのは、ユーザーがビットコインを好む傾向があるからだろう。

では実際のマーケットプレイスはどんな仕組みになっているのだろうか。海外の大手セキュリティ企業の解析レポートにもよく出てくる、有名な「アルファベイ・マーケット(AlphaBay Market)」を見てみたい。まず、サイトにアクセスすると、いきなりCAPTCHA認証を求められる。ページの説明によれば、これはDoS攻撃対策のためだという。続いてログイン画面に入り、ID、パスワード、そして再びキャプチャを入力して、ようやく入場できるようになっている。

サイトの上部欄には、「ホーム」「販売」「メッセージ」「出品リスト」「注文」といったメニューが並ぶ。左の欄には、販売されている商品のカテゴリが「詐欺」「麻薬」「情報」「偽造アイテム」「貴金属」「武器」「クレジットカード」「サービス」などと分類されている。たとえば、カテゴリ欄から「麻薬」をクリックすると、「ベンゾジアゼピン系」「大麻・大麻樹脂」「解離性麻酔薬」「エクスタシー」「アヘン」「ステロイド」といったサブカテゴリが表示される。さらにここから、「大麻・大麻樹脂」を選ぶと、「バッズ（大麻の花穂）・花」「コンセントレーツ（大麻濃縮物）」「大麻樹脂」など、さらに細かなジャンルが出てくる。また、検索機能も豊富で、「検索ワード」「発送先の国」「発送元の国」「人気順」「人気の売り手」「値引き交渉の有無」など、細かく指定して検索することもできる。そこから商品を選んで、注文と決済を済ませば、指定した住所に商品が届くのは表のマーケットプレイスと同様だ。

犯罪者が集う掲示板

インターネットの代表的なサービスのひとつである「掲示板（フォーラム）」も、ダークウェブには無数に存在している。やはり、どの掲示板も身元を隠して利用でき、そこに書き込まれている情報は違法性の高いものばかりだ。なかでも活発にやり取りされているのが、クレジットカード情報とコンピューターの脆弱性情報の二つである。どちらもデータとして売買しやすいうえ、情報の鮮度が求められる商品なので、マーケットプレイスよりも掲示板を使った取り引きのほうが適しているのだろう。反面、マーケットプレイスのメイン商品とも言える麻薬関連の情報は少ない。

この手の掲示板は閲覧するのに高いハードルを設けている場合が多い。掲示板を利用するためのアカウント作成を求めるだけでなく、作成時にメールやメッセンジャー宛てに認証コードを送るシステムが多く、架空のメールアドレスは弾かれるようになっている。他にも、入会するためにハッキングのテストを設けたり、入会金が必要となる掲示板も珍しくない。扱っている内容が内容だけに野次馬や捜査機関を排除する傾向が強い。言語としては英語が多いが、最近ではドイツ語のコミュニティにも活発な動きが見られる。

ダークウェブ全体に占める日本語のウェブコンテンツはまだまだ少ないが、掲示板系のサービスは比較的豊富にある。特に「Ｏｎｉｏｎちゃんねる」と呼ばれる掲示板は書き込みが活発で、ダークウェブをテーマにしたセキュリティ・レポートでは必ずと言っていいほど名前が挙げられる。序章で紹介した日本での「ダークウェブ逮捕者」の件も、このＯｎｉｏｎちゃんねるが舞台だった。

Ｏｎｉｏｎちゃんねるの仕組みは「2ちゃんねる」と同じフロー型と呼ばれるものだ。実のところ2ちゃんねるは現在「匿名掲示板」ではない。書き込みを行えば、ＩＰアドレスや各種情報が記録されるためだ。その点、Onionちゃんねるは完全に匿名な掲示板なので、そこに惹かれて集まってきているユーザーも多いと考えられる。英語圏のダークウェブ掲示板と違い、書き込みの多くが麻薬の売買関連のメッセージだ。

Ｏｎｉｏｎちゃんねるには、麻薬の販売情報と合わせて連絡先のメールアドレスや携帯電話番号が堂々と記載されており、購入者が欲しい商品を連絡すれば、密売人が指定された場所まで運ぶといった流れのようだ。確かに、匿名でアクセスできるＴｏｒ掲示板は、逮捕のリスクが常にある麻薬の売人や中毒者にとってはありがたいシステムかもしれない。他にも、不正入手した携帯電話やＳＩＭカード、クレジットカード、銀行口座の売買などが行われている様子が窺える。現在、警視庁のサイバー犯罪対策課第三サイバー犯罪捜査班には、インターネット上の違法情報および有害情報を取り締まる担当者が三〇人程度おり、その一部がこの手のダークウェブ掲示板の調査に当っているとみられる。

一方で、言論の自由が脅かされている国の人たち向けの掲示板も多数存在する。これらは、犯罪的な利用を目的としているわけではなく、政府によるインターネット監視をすり抜けて情報を交換しようというものだ。中国系の掲示板や、トルコ系の掲示板が活発なのは、サーフェイスウェブが政府に監視されているとの恐れから、ダークウェブに避難してきたためだ。

ハッキングツールを買う高校生

昨今では、中学生や高校生によるネット犯罪についてのニュースも珍しくない。とはいえそのほとんどは、犯行予告、自らの犯罪の暴露、誹謗中傷、ネットゲームのアイテム詐取、すぐに足が付くオークション詐欺、せいぜいがパスワードを盗み見たり推測したりすることによる不正アクセスといった、文字どおり「児戯に等しい」程度のものだ。だが高校生が「DDoS攻撃」をしたという話になると、かなり趣が違うと言っていいだろう。

DoS攻撃の最もシンプルな方法は、ウェブサイトの再読み込みを繰り返すことだ。多くのブラウザーでは「F5」キーを押すとページの再表示ができることから、俗に「F5攻撃」などとも呼ばれる。もちろん、一台のパソコンからどれだけ再読み込みをさせたとしても、その程度で影響が出るようなウェブサイトはまずない。しかし、多くの人間が示し合わせて同時に実行すれば、相当の負荷を与えることができる。こうなると「分散型」のDoS攻撃、すなわちDDoS攻撃といえる。話題になったウェブサイトや、人気チケットの予約などでアクセスが殺到して、つながりにくい状態、あるいは全くつながらない状態になったというのは誰しも経験したことがあると思う。それを人為的に起こすのがDDoS攻撃だと考えればわかりやすいだろう。

だが、多くの攻撃参加者を集めることができたとしても、手動のF5攻撃ではあまりに効率が悪い。そこでさまざまな方法でサーバーに負荷を与えたり、大量の通信を発生させるツールが考案された。2ちゃんねるなどから発生したいくつもの「祭り」で使用されたのだ。実際、これらのツールを使った多人数による攻撃では、さまざまな被害が出た。「田代砲」や、匿名集団アノニマスの武器として知られる「LOIC」などが有名なものだ。

しかし、そもそも多くの人間が一つのターゲットへの攻撃に参加する状況を作り出すことからして容易ではない。2ちゃんねるの「祭り」やツイッターの「炎上」なども、ほとんどは偶然の産物である。もし意図的に多人数による攻撃を起こさせることができたとしても、コントロールが困難な上に、野次馬的な参加者は飽きも早い。やはり攻撃者としては、自分の攻撃したい相手を攻撃したい時に攻撃できる、というのが望ましい。

そこで使われるのが「ボットネット」だ。コンピューターを操る「ボット」と呼ばれる類のマルウェア（ウイルス）に感染させたPCでネットワーク（ボットネット）を構築し、同時に多数のパソコンから攻撃を行うのだ。もしかしたら、あなたのパソコンにもボットが潜んでいて、知らぬ間にＤＤｏＳ攻撃に荷担しているかもしれない。

攻撃者にとってボットネットを使うことの利点は、単に自由に攻撃ができることにとどまらない。実際に攻撃を行っているのは赤の他人のパソコンであるため、自身のＩＰアドレスはターゲットに知られることなく、完全に身元を隠して攻撃ができる。

さらに近年主流の攻撃方法はより悪賢い。乗っ取ったパソコンから直接ターゲットを攻撃するのではなく、攻撃者ともボットネットともターゲットとも全く関わりのない、問題（脆弱性）のあるサーバーを利用するのだ。こういったサーバーは、ある要求を送られるとずっと大きなサイズのデータを送り返し続ける。その返送先をターゲットに偽装して多量の要求を送り付けると、サーバーはターゲットに大きなサイズのデータを多量に送り返すことになる。こうしてさらに効率的に、かつもう一段階、身元を隠してＤＤｏＳ攻撃を行うことができる。これはさながら通信がサーバーで「反射」するかのような攻撃なので、「リフレクション攻撃」と呼ばれる。また、送ったデータより大きなサイズのデータで攻撃ができるので「増幅型攻撃」とも言う。

ＤＤｏＳは攻撃手法としてはさほど高度ではないし、内部ネットワークへの侵入や情報漏洩を直接引き起こすようなものではない。しかし多くの企業にとっては、ウェブサービスなどを長時間停止させられてしまうことは大きなダメージとなる。何よりDDoSが厄介なのは、防御が非常に難しいという点にある。サーバー側の設定である程度の対応は可能だが、万全にはほど遠い。DDoS攻撃の監視・防御を行う機器やサービスも数多く販売されているものの、それでも一〇〇％防ぐことは不可能だ。

さて、この厄介なDDoS攻撃を、日本の高校生が行った事件がある。

二〇一四年九月一八日、警視庁サイバー犯罪対策課は、同年三月に東京のゲーム企業が運営するゲームサーバーに対してDDoS攻撃を行い接続障害を発生させたとして、一六歳の高校一年生を電子計算機損壊等威力業務妨害容疑で書類送検したと発表した。DDoS攻撃の立件は国内初だという[11]。むろん「立件」が初めてなだけで、DDoS攻撃自体は日常茶飯事だ。なお二〇一五年七月にはDDoS攻撃で初の「逮捕」があったと報じられたが、おそらく高校生の事件では逮捕されずに書類送検されたのだろう。

二〇一四年の第1四半期頃は、ネットワーク経由で時間を合わせるための「NTPサーバー」を悪用した増幅型リフレクション攻撃が流行しており、件の高校生もこの手法を使ってゲームサーバーを攻撃したという。しかし、高校生はのべ一一六一台のサーバーから攻撃を行ったと言われる。この規模からすれば、仲間を集めてといったレベルではなく、大掛かりなものではないにしろ（一〇〇〇台程度ではごく小規模だ）、ボットネットを利用したと考えるのが妥当だ。彼が自分で多数のパソコンをマルウェアに感染させ、ボットネットを構築したのか？　あるいはダークウェブのマーケットプレイスなどで出来合いのボットネットを購入したのか？

実は、わざわざ自力でボットネットを構築したり購入したりしなくても、DDoS攻撃を代行してくれるサイトがインターネット上には多数存在する。こういったサービスは「ブーター（booter）」と呼ばれる。「ブート」というとコンピューターを起動することと考える人が多いと思うが、この界隈ではDDoS攻撃を実行することを意味している。つまり「DDoS攻撃を実行する者」がブーターだ。

ブーターを探すにはわざわざダークウェブまで行く必要はなく、サーフェイスウェブでいくらでも見つかる。グーグルであれ、ビング（Bing）であれ、「booter」で検索すればDDoS攻撃代行サービスが多数出てくるだろう。ただし日本語のみの検索の場合、実際のブーターサイトは全くヒットしない。

件の高校生が検索によってブーターを見つけたのかどうかは不明だが、おそらく実際に辿り着くまでは「booter」という呼称は知らなかったのではないか。他に「ストレッサー

（stresser）」という呼び方もあり、これで検索してもDDoS攻撃代行サイトがヒットする。この程度の単語なら高校生にも思いつく可能性はある。英語に多少詳しければ、一般的に使われている「貸しDDoS（DDoS for hire）」に思い至るかもしれない。もっとも、実は「DDoSレンタル（DDoS rental）」のような日本人がまず考えそうな検索語でも、効率は悪いものの見つけることはできる。要するに、DDoS攻撃代行サービスというものが存在することさえ知っていれば、高校生でも簡単に辿り着くことができるのだ。

ブーターは名目上「サーバーの負荷テストサービス」の看板を掲げているところもあるが、ほとんどは堂々と「DDoS」を謳っている。件の高校生は、こういったブーターで一時間あたり八ドルのDDoS攻撃サービスを購入して犯行に及んだという。そんな値段で、と思うかもしれないが、一時間二ドルのサービスが報じられたこともある。[12] もちろん価格は、どの程度の負荷を与えるかなどで変わってくる。一時間八ドルではさほどの攻撃ではないと思われるが、それでも小規模なゲームのサーバーを落とすには十分だったのだろう。

しかし、なぜ事が露見したのかはよくわからない。警視庁がどのDDoS代行サービスが使われたかまで突き止める可能性はないとは言えないが、業者が依頼者を明かすとは考えにくい。報道では「(ゲーム会社の)サーバーの接続履歴から少年の関与が浮上した」とあるが、わざわざＤＤｏＳ代行を頼んだうえで自分もＤＤｏＳ攻撃をするとは思えないので、これは通常の「接続」だろう。ちょうどＤＤｏＳ攻撃の開始前と終了後のタイミングで接続していた、といったことから疑われたのかもしれない。

ここまで読んで、実際に検索してみてブーターサイトを発見した方もいるかもしれない。しかし、安易にアクセスすることはお勧めしない。何らかの悪意ある仕掛けが存在しないという保証はないからだ。それなりの備えと、もし何かあった場合には自分で責任が取れる覚悟がなければやめておいた方が無難だろう。もちろん、攻撃サービスを利用するなどはもってのほかだ。たとえ実際の被害が出なかったとしても、電子計算機損壊等威力業務妨害は未遂でも処罰されるし、相手がＤＤｏＳ攻撃に対して何らかの対応策を取る必要が生じたら、それだけで業務妨害の既遂になり得る。そして現に高校生が書類送検されたように、そしてこの後見ていくように、攻撃者の身元が警察にばれないとは限らないのだ。悪戯心から「一時間たったの八ドルなら自分も使ってみよう」などとは決して思ってはいけない。

サイバー攻撃代行サービス

では、ＤＤｏＳ攻撃代行サービスとはどのようなものか？　サイバー攻撃を代行するサイトというとアンダーグラウンド的な雰囲気がありそうだが、たとえば黒い背景にドクロなどのおどろおどろしい画像（ちょっと古典的に過ぎるかもしれないが）といったビジュアルのサイトはほとんどない。それなりに小ぎれいに整った、中小のネットサービスという感じのものが主流だ。なお、表面的なデザインは多少異なっても、構成などがきわめて似通ったサイトがいくつも見られる。同じ業者が複数のサイトを運営していたり、他サービスのプログラムをそのまま「パクった」ものが多いからだ。

サービスを利用するには、ユーザー登録をする必要がある。「利用」まで行かずとも、サービス内容や料金を見るだけでも登録しなければならないサイトも多い。とはいえ、たいていは、フリーのメールアドレスがあればいいので、匿名で利用することが可能だ。登録した時点で、「お試し」として無料である程度のＤＤｏＳ攻撃を実行できるようになるサイトも少なくない。しかしやはり本命は有料サービスである。攻撃の持続時間、ターゲットに送るデータ量、攻撃手法などにより料金は異なる。ほとんどのサイトは「何秒で何ドル」というコースを用意しているが、送信量から攻撃内容まで細かくカスタマイズできるところもある。

ただし「何秒で何ドル」といっても、多くの場合、決められた期間内に何度でも攻撃することが可能、ということになっているようだ。例えばある代行サービスの「一月一八〇秒」コースでは九・九九ドルで一八〇秒の攻撃ができるが、一回の上限が一八〇秒というだけであり、一カ月の間であれば何度でも次々に実行できると明記されている。もちろん本当に連続して攻撃できるかは不明だが、これを信じれば、攻撃可能時間あたりの単価は「一時間八ドル」よりはるかに安いことになる。毎日一時間PCに貼り付いて（メールで受け取ったコードの入力などの認証が必要と思われるので自動化は難しいだろう）攻撃を繰り返したとして、ひと月九・九九ドルなら一時間あたり三三セントだ。

ただ、単純に提示されている時間と価格だけで言ったら、件の高校生が利用したという「一時間八ドル」より安い代行サービスは多くはない。三六〇〇秒（一時間）で六・九九ドルといったところもあるものの、通信量は最大二ギガビット毎秒（二五〇メガバイト毎秒。三秒でCD一枚分程度に相当）とさほど高くはない。とはいえ、攻撃の内容やターゲット側の対策にもよるだろうが、この程度でも小規模なサーバーなら落とせるかもしれない。そして、もっと高額なコースとしては、二〇、三〇ギガビット毎秒や、さらには平均一〇〇～一二五ギガビット毎秒、最大六〇〇ギガビット毎秒を謳うところまであった。その規模だと過去最大レベルのＤＤｏＳ攻撃になるが、さすがに数十～数百ドルでそれができてしまうというのはあり得ない話だろう。ただこのブーターは、自前のボットネットを使って多数の有名サービスを「落とした」実績があるところではある。

しかし、単に大きい数字を掲げるだけなら誰にでもできる。いくらなんでも六〇〇ギガビット毎秒はないにしても、本当にそれなりの攻撃がされているかどうか、ユーザーが確認するのは難しい（件の高校生は、サーバーが「重く」なっているか頻繁にチェックしたため足が付いたのかもしれない）。それでも額面どおりの規模かどうかはともかく、「攻撃しますよ詐欺」ではなく実際に攻撃が行われることは、高校生の事件で証明されたわけだ。

コースを選んで購入し、ターゲットのホスト名やＩＰアドレスなどを入力して実行するだけで、中小規模のゲームサーバーであればサービス不能に陥るほどの攻撃ができてしまう。高校生どころか中学生でも迷うことがないであろう簡単な手順であり、中高生の小遣いでも十分足りる価格だ。おそらく中高生にとっていちばん高いハードルは、英語でも操作手順でもなく、支払い方法の確保だったと思われる。

ネットサービスを購入する際の支払い手段として、最も一般的なのはクレジットカードだが、さすがにクレジットカードが使えるＤＤｏＳ代行サービスはないようだ。利用する側にしても、こんな怪しいサイトにカード情報を渡す気にはならないだろう。ダークウェブではビットコインが最もよく使われる決済手段であることはすでに述べたとおりで、ビットコインなどの仮想通貨で支払えるＤＤｏＳ代行サービスも少数あるが、こちらの業界ではまだ主流にはなっていないようだ。

ではどうやって支払うのかというと、ほとんどのサービスでペイパルが使えるのだ。数は少ないが、グーグルウォレットが使えたり、電子マネーに対応しているところもある。いずれにしても、要するに「普通」の支払い手段だ。ＤＤｏＳ代行サービスの多くはダークウェブではなくサーフェイスウェブにサイトを構えているのは先述のとおりだが、支払い方法もダークな感が薄い。

ペイパルは売り手と買い手を仲介し、相手にクレジットカード情報などを渡すことなく決済ができるサービスのこと。ペイパルを利用して買い物をするには、クレジットカードを登録するだけでよい（一八歳以下だとクレジットカードの入手が難しいので、ここが中高生にはハードルとなる）。しかし売り手、つまり金を受け取る側になるためには、ペイパルによる本人確認を受ける必要がある。確認手段は国により異なるが、アメリカでは実在の銀行口座が必要だ（多くのＤＤｏＳ代行サービスはアメリカが拠点と思われる）。

だが代行だろうと何だろうとＤＤｏＳを実行するというのは、日本はもちろんアメリカでも普通に考えれば犯罪だろう。犯罪性の高いサイトの運営者が、自分の口座をペイパルに教えて大丈夫なのだろうか？　もし司直の手が伸びてきた場合、ペイパルを通じて容易に本人が特定されてしまう可能性が高い。いやそれ以前に、なぜペイパルはＤＤｏＳ代行サイト運営者のアカウントを停止しないのだろうか。

自身のブログでＤＤｏＳ代行サービスについてたびたび報じているセキュリティ専門家のクレブスによると、あるＤＤｏＳ代行サイトの運営者はペイパルを通じ三万五〇〇〇ドルの収益を得たという[13]。クレブスの記事では、「対価を受け取ってＤＤｏＳを実行するのは犯罪になるだろう」という弁護士の見解や、「ペイパルアカウントはＤＤｏＳ代行サイト運営者の口座と結びついているのだから警察が彼らを発見するのはたやすいはず」「口座情報に虚偽があればペイパルはアカウントを凍結すべきだ」という専門家の意見が紹介されている。

この記事に対してペイパルからは「通報があれば法執行機関と協力してアカウントを調査する。カスタマーを攻撃し、違法にウェブサイトを停止させる目的のみのツールの販売、配付に我々のサイトを使うことは容認しない」と回答があったという。しかし、「カスタマーを攻撃」とか「ツールの販売、配付」とか、どうも話がかみ合っていない感が強い。クレブスの指摘どおり、ペイパルの対応の甘さが多くのＤＤｏＳ代行サイトをのさばらせている大きな要因のようだ。

それにしても、違法である可能性が高いサービスにも関わらず、多くの運営者は実に堂々としたものだ。サイトにメールアドレスやスカイプなどネット上の連絡先が記載されているのは普通で、なんと会社名を名乗り、アメリカ国内の住所と電話番号を掲載しているところまである。

さらにクレブスの他の記事によれば、サービスは合法であると主張しているＤＤｏＳ代行サイト運営者もいるという(14)。しかしその論理は、自分たちは違法行為を推奨しておらず責任はユーザーにある、といったお馴染みのものだ。もちろんそんな理屈は、警察や裁判所に通用するはずがないだろう。だがそうはいっても、実際にＤＤｏＳ代行サービスが摘発されたという話は聞こえてこない。警察やＦＢＩは何をやっているのかと不思議に思われるかもしれないが、驚くべきことに、この運営者は「自分はＦＢＩで働いている」と語ったというのだ。そのサイトには、ＦＢＩによってユーザーのＩＰアドレスを収集するプログラムも仕込まれているという。

ただ、その明確な証拠が示されているわけではなく、ＦＢＩで「働いている」というのはさすがに眉唾物だろう。しかしＦＢＩの「情報提供者」という可能性はある。刑の減免と引き替えにＤＤｏＳ代行サービス利用者の情報をＦＢＩに流しているのかもしれない。とはいえ、代行サービスなどを利用するのはほとんどが子供や技術力を持たない人間だと思われる。その程度の犯罪者を何人検挙したところで、インターネットの安全にはほとんど寄与しないだろう。むしろＤＤｏＳ代行サービスが存在することによる害の方がはるかに大きいはずなので、ＦＢＩが単にユーザー情報収集のためだけに容認しているとは考えにくい。

いずれにしても、ＤＤｏＳ代行サービスには迂闊にアクセスしない方が無難だ。怖いのは法執行機関の関与だけではない。代行サービス業者同士にはさまざまな争いがあり、その結果ハッキングされてＤＤｏＳを利用したユーザーの情報が暴露された例もあるからだ。

ＤＤｏＳ攻撃を代行するサービスは多数存在し、きわめて安価に利用できてしまうのが現実である。そして当面この状況が好転するとも思えない。些細なことで誰かの恨みを買って、あるいは単なる愉快犯によって、あなたの会社のサーバーが突然、大規模なＤＤｏ

S攻撃を食らう可能性は十分ある。

闇市場を支える「防弾ホスティングサービス」

このように闇市場にはマーケットプレイスから掲示板、サイバー攻撃代行サービスまでさまざまな仕組みが揃っており、そのうえでサイバー犯罪者たちによる多種多様な活動が日々行われている。だが、それらのサービスが「安定」して運営されているのは、それらを支えるインフラを提供する専門の事業者がいるからでもある。そういった専門業者は「ＢＰＨＳ」と呼ばれ、その活動範囲はサーフェイスウェブからダークウェブまで広く分布している。本章の最後として、闇市場を支えるインフラ事業者についても触れておきたい。

ＢＰＨＳとは「Bulletproof Hosting Services（防弾ホスティングサービス）」の略で、麻薬売買、児童ポルノ、ＤｏＳやボットネットワークの貸し出しなど、闇市場に対応したサイバー犯罪者向けのレンタルサーバー及びホスティングサービスのことである。対象としてはダークウェブ向けだけでなく、サーフェイスウェブおよびディープウェブ向けのものも含まれる。二〇一五年一一月に東京・青山で開催されたセキュリティカンファレンス

「パックセック二〇一五（PacSec 2015）」の講演[15]で、大手セキュリティ企業トレンドマイクロのリサーチャーであるマキシム・ゴンチャロフ[16]が語った「ＢＰＨＳ」の実態が非常に興味深かったので、その内容を簡単に紹介したい。

ゴンチャロフによると、ＢＰＨＳはアンダーグラウンドのサービスにも関わらず、サイバー犯罪者である「顧客」との関係には誠実だという。顧客のニーズを汲み取り、提供できないサービスや禁止行為についても明確に掲げている業者が多く、また顧客が望むサービスであれば、可能な限り対応する傾向も顕著のようだ。そんな顧客第一主義とも言えるＢＰＨＳだが、提供できるサービスは難易度によって分かれる。ゴンチャロフが述べた、サービス提供の「ハードルが高いもの」を上から順に並べると次のようになる。

（1）児童ポルノ
（2）C&Cサーバー
（3）エクスプロイトキット
（4）マルウェアのドロップゾーン
（5）スパム

(6) ブルートフォースアタック
(7) VPN
(8) SEO
(9) Torrent
(10) DMCA違反コンテンツ

児童ポルノは各国政府の取り締りが厳しいため、BPHSでも簡単にはサービスを提供することはできないようだ。また、BPHSは政治的、地理的な影響を受けやすいともゴンチャロフは指摘する。例えば、ロシアのあるBPHSでは、攻撃対象の国について「ロシア・ウクライナなど旧ソ連の国々へは禁止」と明示をしていたが、二〇一四年にロシアとウクライナ間でクリミア危機が勃発すると、この注意書きから「ウクライナ」の文字が消えたという。

ゴンチャロフは、他にも実際にサービスを提供しているBPHSをいくつか提示した。これらはサーフェイスウェブに存在するため、どのBPHSも検索すれば簡単に見つけることができるという。どの業者のサイトも表のホスティングサービス会社のウェブサイトと一見変わらないものの、提供しているサービスはどれもサイバー犯罪に直結しているものばかりなのが特徴だと指摘する。

一方で、ダークウェブ専用のホスティングサービスも多数存在することがわかっている。なかでも比較的数が多いのが、ファイルをアップロードしたり、共有したりするためのサービスだ。データを不特定多数に公開するとか、特定のユーザーにファイルを送る際に役に立つ類のものである。形態はサーフェイスウェブと同じスタイルを取っているところが多く、基本的に無料で使えるが、ファイルの容量やアップ・ダウンロードスピードを改善したい場合は、別途料金を要求される。「ドロップボックス」の共有機能や「宅ふぁいる便」などの違法版だと思い浮かべていただければいいだろう。もちろん、どのサービスも「匿名性」を売りにしているが、児童ポルノやコンピューターウイルスなどのデータのアップロードだけは禁止しているサービスも少なくないようだ。

また、ダークウェブ上のレンタルサーバーは、サーフェイスウェブに比べると数は圧倒的に少ないものの、提供している業者は一定数存在する。相場はサーフェイスウェブに比べてやや高く、ある業者では「ディスクスペース一五ギガバイト、RAM五一二メガバイトのサーバーを一カ月利用するのに一五ドルから」といった具合だ。また、サーバーだけでなくシステム構築までも請け負うと宣伝している業者もある。どのサービスも決済はやはりビットコインがほとんどである。

注

（1）「インターネット人口普及率の国際比較（2014年）Percentage of Individuals using the Internet」
http://www.itu.int/en/ITU-D/Statistics/Pages/stat/default.aspx
（2）「闇の職業安定所」（現在は閉鎖中）
http://www-yami.p-town.org/index.html
（3）Internet Protocol address：ネットワーク通信を行う際の識別番号。
（4）ネットワーク上にある全ての機器を指す言葉。
（5）「ビットコイン」
https://bitcoin.org/ja/
（6）Liberty Reserve（現在は閉鎖中）
http://libertyreserve.com
（7）「インターネット通貨決済 Liberty Reserve が閉鎖――マネーロンダリング容疑で」
http://japan.cnet.com/news/business/35032646/
（8）http://www.metzdowd.com/mailman/listinfo/cryptographyhttp://www.mail-archive.

com/search?l=cryptography@metzdowd.com&q=from:%22Satoshi+Nakamoto%22

（9）https://bitcoin.org/bitcoin.pdf

（10）PGP（Pretty Good Privacy）
https://ja.wikipedia.org/wiki/Pretty_Good_Privacy

（11）「16歳高校生を書類送検＝ゲーム会社にＤＤｏＳ攻撃容疑――全国初・警視庁」
http://news.yahoo.co.jp/pickup/6131649

（12）Cheap Professional DDoS Service
https://www.f-secure.com/weblog/archives/00002296.html

（13）DDoS Services Advertise Openly, Take PayPal
http://krebsonsecurity.com/2013/05/ddos-services-advertise-openly-take-paypal/

（14）Ragebooter: 'Legit' DDoS Service, or Fed Backdoor?
http://krebsonsecurity.com/2013/05/ragebooter-legit-ddos-service-or-fed-backdoor/

（15）「犯罪の賃貸隠れ家『防弾ホスティングサービス』　PacSec 2015 レポート」
https://the01.jp/p0001546/

（16）Maxim Goncharov
http://blog.trendmicro.com/trendlabs-security-intelligence/author/maxim-goncharov/

第4章　「Ｔｏｒ」と捜査機関の攻防

遠隔操作ウイルス事件と日本警察

インターネット上での通信を暗号化して複数のコンピューターを中継させることにより、通信元やサービス提供者を匿名化するソフトウェアであるＴｏｒが、ダークウェブを構成する大きな要素であることはすでに第3章で述べたとおりだ。Ｔｏｒを使えば身元を隠して通信ができるため、さまざまなインターネット犯罪に関連して名前が出てくることがある。

日本でよく知られているのは、いわゆる「遠隔操作ウイルス事件[1]」だろう。大きく報道されたので、この事件はまだ記憶されている方も多いと思う。二〇一二年に、ネット掲示板で犯罪予告を行ったとして複数の人物が逮捕されたが、いずれも身に覚えはない（二人は「自白」しているが）。実はパソコンを遠隔操作するマルウェア（ウイルス）によって書き込みを行っていた真犯人がいた、あの事件だ。この犯人は、誤認逮捕された被害者を遠隔操作マルウェアに感染させる目的や、マルウェアに動作指示を行うために掲示板への書き込みを行っているが、その際にＴｏｒを利用して通信元がわからないようにしていたとされる。

ただ実のところ、この事件でのＴｏｒの存在感はあまり強くはない。身元を隠して書き込みをする手段はなにもＴｏｒに限られるわけではない。もし別の手段を使って匿名化していたとしても、警察が犯人に到達するための難度は大差なかったはずだ。この事件では、上述の「自白」を含め警察の不手際が目立ったため、警察が「Ｔｏｒのせいで捜査が難しかった」と、言い訳的にＴｏｒを強調した感は否めない。

しかし、犯罪者がＴｏｒによって身元を隠し、それが捜査の障害になることがあるというのは紛れもない事実だ。そのため、各国の警察や安全保障部門などの法執行機関の多くは、Ｔｏｒの匿名性を暴くか、少なくともできるだけ利用を阻止したいと考えている。

日本でも遠隔操作ウイルス事件の後、警察庁の有識者会議が、掲示板などのサイト管理者がそれぞれの判断でＴｏｒからの通信を遮断するのは犯罪抑止に効果がある、という提言をしたことが報じられた。ただこの件は、英字記事で正しく伝えられていなかった（後に修正）ことから海外で「日本の警察庁がインターネットサービスプロバイダーにＴｏｒ遮断を要請した」という話に変化してしまい、それが日本に逆輸入されて、通信の秘密の侵害ではないか、と強い拒否反応が起こった。(2) 実際にはプロバイダー相手でもなければ要請したわけでもない。もっとも、警察の本音としてはそうして欲しいのかもしれないが。

だが、上述のとおり匿名化の手段は別にＴｏｒに限らない。Ｔｏｒが使えなかったとしても、送信元を突き止められない犯罪予告の類がなくなることはまずないだろう。さらに言えば、先ほどの警察庁有識者会議の提言を見てもわかるとおり、日本で問題視されることが多いのは、犯罪予告や遠隔操作ウイルス事件などのＴｏｒクライアントを使った犯罪だ。しかし世界的に影響が大きいのはむしろ秘匿サービスの方だろう。

第3章で見たとおり、Ｔｏｒの秘匿サービスを利用してドラッグや武器や個人情報などから、性的なサービスや殺人依頼まで、多種多様な違法物品・情報・サービスの売買が行われているのだ。日本において、あるいは日本人を対象としたこういったサイバー闇市場は存在してはいるものの、数は少なく今のところ大きな脅威にまではなっていない。現在のところ日本での「Ｔｏｒを使った犯罪」のほとんどは、単に犯行予告や中傷を書き込む際に身元を隠すといった非常にシンプルなもので、まだまだ「牧歌的」だと言える。しかし何度も述べてきたように、今後は日本でもサイバー闇市場が活発化することが懸念されている。

生みの親はアメリカ海軍

どの国の法執行機関にとっても頭が痛い存在と言えるTｏｒだが、その出自は意外にも公的機関にある。それも、アメリカ海軍だ。元々オニオン・ルーティングという技術は、一九九〇年代半ばにアメリカ海軍調査研究所[3]が開発したもので、さらにアメリカ国防高等研究計画局（ＤＡＲＰＡ）[4]で研究が続けられた後、非営利団体が引き継ぎ、オープンソース（誰でもプログラムの参照・使用・改変ができる）の「Ｔｏｒプロジェクト[5]」として現在も続いている。

アメリカ海軍の開発技術が、アメリカをはじめとする各国の法執行機関を苦しめている、という言い方をすれば皮肉に思えるかもしれないが、技術開発とその利用はまた別の話だ。身元を秘匿して通信を行う技術自体は、軍事的にも重要であることは間違いない。そもそも、アメリカ政府はＴｏｒを敵視しているわけではなく、Ｔｏｒプロジェクトは現在もアメリカ政府とつながりがある。海軍調査研究所やＤＡＲＰＡといった軍関係の組織はすでに手を引いているが、アメリカ国務省民主主義・人権・労働局は現時点でもスポンサーの一つに名を連ねているのだ。

民主主義・人権・労働局という組織が支援していることからもわかるとおり、Ｔｏｒは人権活動にとって重要なソフトウェアでもある。私たち日本人はいつも自由にウェブサイトを閲覧し、掲示板やツイッターなどに好きなことを書き込むことができるので、ネットにおける情報の自由について考えることなどあまりないだろう。だが世界には、ネットでの自由な活動が制限あるいは禁止されている国や地域は少なくない。強権的に民衆を抑圧する一環として国内のネットを統制し、体制にとって危険と見なされる情報が掲載されている海外のサイトへの接続を遮断したり、国民が反体制的な発言をしていないか監視をしている例は珍しくない。

このような通信の秘密が守られない可能性が高い場所で、人権活動家・反体制活動家などが安全に海外の情報を入手したり、協力者と連絡を取ったり、国内の状況を海外に発信したりするためには、通信の匿名化は欠かせない。もし身元が政府にわかってしまったら、逮捕や投獄、場合によっては命にすら関わる危険性があるのだ。そして実際Ｔｏｒは、現在もそういった人々を守る目的で使われている。二〇一〇年からのいわゆる「アラブの春」の際にも各地でＴｏｒが大いに活用されたと言われている。

独裁国家など強権的・抑圧的な国や地域で民主活動家などが身元を隠して安全に通信できるようにするというのは当初からＴｏｒ開発の大きな目的だったし、そうした目的に沿う使い方もされているわけだが、およそどのような道具でも使い方を変えれば悪事にも役立つ。特にＴｏｒのような匿名化ツールであれば、犯罪者が身元を隠すために利用するようになるのも当然で、現在ではむしろこちらの使われ方の方が目立つようになってしまった。これを裏付ける、秘匿サービスは犯罪あるいはグレーゾーンのものが多数を占めるという調査結果もある。(6)

アメリカの諜報機関も頭を悩ます

ではＴｏｒをなくせば良いかと言えばむろんそんなことはない。繰り返しになるが、匿名化の手段は別にＴｏｒだけでない一方、Ｔｏｒがなくなったら体制に抑圧されている活動家などは貴重な通信手段を失ってしまう。いずれ類似のツールが登場するにしても、犯罪者はそれまで別の匿名化手法を使えば良いだろうが、活動家は明日の命が掛かっているかもしれない。そもそも、オープンソースで誰でも入手できるソフトウェアである以上、Ｔｏｒという存在を消すことはまず無理だろう。

Ｔｏｒを活動不能にするための手段としては「ノードを潰す」ということが考えられる。第3章で解説したように、Ｔｏｒの通信を中継するノードの多くはアドレスがわかっている。非公開のものもあるとはいえ、公開されているノードをすべてダウンさせられればＴ orネットワークは麻痺状態に陥るはずである。

だが現実的にはそれは不可能に近い。Torのノードは数多くのボランティアによって運営され、彼らは世界各国に点在するからだ。実際、過去に何度もTorの多数のノードに対して攻撃が行われたことがあるが、Torネットワークが使用不能になることはなかった。また、大多数のノードを支配下に置くことができれば匿名性を暴くことも可能だが、これも現実的でないのは第3章でも述べたとおりだ。

Torの匿名性を破ることの難しさは、エドワード・スノーデンのリーク情報からもわかる。二〇一三年にスノーデンは、アメリカ国家安全保障局（NSA）などの機密情報を大量に公開して世界を震撼させた。このリークが暴いたのは、偏執的と言ってもいいほどに情報を徹底的に集め、分析していたNSAの活動だ。

特にインターネットにおける情報収集については、それまで安全と思われていた技術やサービスがNSAには突破あるいは回避可能だったという、衝撃的な情報も明かされた。だがそのリーク情報でもTorについては、NSAが破ることができたのは欠陥のあるバージョンのソフトや設定をミスしたものだけだったとされている。スノーデン自身も、ネットでプライバシーを保持して通信するためにはTorを使うべきと推奨している。(7)

ただし、スノーデン情報のすべてが真実という保証はないし、真実だとしても彼が持ち出した資料が「NSAの対Tor計画」の全容だったとは限らない。だがそうは言っても、やはりTorの匿名性を完全に破るのは、おそらく世界最高の情報収集・解析能力を持つNSAをもってしても容易でないのは間違いないだろう。スノーデンのTor推奨発言の後、Torの利用者は大幅に増加したという。

しかし言うまでもなくTorも完全無欠というわけではない。Torの匿名性が少なくとも部分的に破られた、という事例は何度も起きている。以下ではその主なものを見ていこう。

Torにも弱点がある!?

Torの弱点の一つは、第3章でも触れた出口ノードと最終目的サイトとの間の通信だ。この部分はそのままでは暗号化されないため、通信を傍受することができれば内容がわかってしまう。ただし、だからといって匿名性が破られるとは限らない。

例えばTor経由で掲示板に「○月△日に□□市役所を爆破します」といった犯罪予告を書き込むのであれば、元々見られることが前提の通信内容なのだから、出口ノードから掲示板サーバーまでの通信が覗かれてこの文言が第三者に判明したところで痛くも痒くもないだろう。そして内容を見たからといって、出口ノードから先の通信相手がわかるわけではない。ここが暗号化されていないことは、Ｔｏｒの主目的である匿名性の確保とは本来無関係だ。

だが、通信の内容から正体が推測できる、あるいは確定できるというのもまた珍しい話ではない。最もわかりやすい例がメールだろう。メールサーバーと通信する際、古典的な（だが現在も使われている）方式を使ったとしたら、Ｔｏｒを利用していたとしてもほぼ確実に秘匿できるのは「どこからそのメールサーバーに接続したか」だけだ。出口ノードとメールサーバーの間の通信を傍受されれば、メールの内容はおろか、ユーザーアカウントやパスワードまで覗かれる可能性がある。

暗号化通信（ＨＴＴＰＳ）を使っていないウェブメールサービスでも同様で、そのユーザーのメールアドレス、一覧表示されるタイトルや要約、送ってきた人物のメールアドレス、書き込んだ、あるいは読んだメールの内容や宛先アドレス、サイトのユーザーアカウント、場合によってはパスワードも判明してしまうことになる。メールサーバーやウェブメールサービスにどこから接続したかは不明でも、個人を特定するには十分すぎる情報だろう。

出口ノードの通信を覗く最も単純な方法は、自分で出口ノードを立てることだ。自分が管理しているのなら通信は傍受し放題。二〇〇七年にスウェーデンのセキュリティ研究者がこれを実践し、五台の出口ノードを登録（登録は誰でもできる）してどのような通信が行われているかを観察した。その結果、九五％の通信は暗号化されておらず、しかも日本を含む各国の政府機関や大使館職員がＴｏｒを利用していることが判明したという。そして二〇〇以上の政府機関・大使館職員のメールアドレス、ユーザーアカウント、パスワードを入手し、その一部を公開した。(8)

おそらく同様に「自前」の出口ノードを持ってそこを経由した情報を覗く、ということは各国政府機関や法執行機関もすでに行ったことがあるだろうし、現在も行われている可能性は高い。ただ、この手法で判明するのは、たまたまその出口ノードを使ったユーザーの通信内容だけだ。法執行機関などが求めるのは一般的に、特定のユーザー（犯罪者）の身元ということになるだろうから、これではあまりに効率が悪い。暗号化されておらず、かつ身元の特定ができる通信を偶然に犯人が行うのを期待するというのは、兎が切り株にぶつかるのを待つようなものだ。

この件は当時一部で「Ｔｏｒの脆弱性」、すなわちセキュリティ上の問題点と報じられたが、出口ノードと相手サイトとの通信が暗号化されないのはＴｏｒの仕様だ。というより、Ｔｏｒがここを勝手に暗号化したら、相手サイトには解読できず意味不明の情報にしかならないので、暗号化はできない。脆弱性は修正しなければならない弱点だが、この場合は修正すべき性質のものではないのは技術的な観点からも明らかだ。

ＴｏｒプロジェクトのサイトのＦＡＱ（よくある質問）[9]などにも、最終経路は覗かれる可能性があるため、他の手段で暗号化を行うべきであることは明記されている。ただ、それを理解せずに使う人が多いということだ。たとえて言えば、窓に鍵をかけなければ泥棒に入られる可能性があるが、多くの人が鍵をかけるべきことに気づいてない、というようなものだろう。

ただ現在では、暗号化通信を行うサイト（ブラウザーに鍵マークが表示されるサイト）は増えているし、特にウェブメールサービスなどでは暗号化通信をサポートしていないところはもはや少数だと思われる。したがって二〇〇七年当時よりも現在は安全であるとは言えるだろう。しかし出口ノードと相手先との通信がＴｏｒ単体では暗号化されないという事実は今後も変わらない（変えられない）ので、暗号化通信ができないサイトとの接続時にはやはり気を付ける必要がある。

「児童ポルノ仲介業者」摘発

上述のように、出口ノードに頼る方法、つまりＴｏｒの仕様の範囲内では、犯罪捜査に活用できるほどの匿名排除は難しく、他の手段が必要になる。以下紹介する三例は、匿名性の壁を乗り越えて法執行機関が利用者を逮捕するに至った事例だ。だが犯罪捜査という性質上、いかにして身元が特定されたかの具体的な情報が明らかにされることは少ない。法執行機関が手の内を明かさないのは当然だ。そのため曖昧な記述や推測が多いことをご容赦いただきたい。

第3章で解説したように、Ｔｏｒの秘匿サービスはＴｏｒネットワークを経由してのみ接続できるサービスであり、「.onion」という通常インターネットでは使われないドメイン名を持つ名前でしかアクセスできないが、そこで提供できるサービス自体は特に変わらない。例えば、ユーザーがサーバーを借りて自分の好きなように使えるというホスティングサービスも存在する。二〇一三年当時、Ｔｏｒ匿名ネットワークにおける最大のホスティングサービスと見なされていたのは、「フリーダム・ホスティング」だ。

フリーダム・ホスティングを利用していたサービスは多数存在していた。例えば完全匿名でメールを送信できるサービス（先ほども触れたように送信者のIPアドレスを隠してメールを送るのは難しい）である「Ｔｏｒメール」や、検閲されない情報データベースを標榜する「ヒドゥンウィキ」などだ。しかしやはり違法なものも多く、盗まれたクレジットカード情報を売買するサービスや、多くのユーザーを抱える児童ポルノコミュニティをホスティングしていたのもこのフリーダム・ホスティングだった。

二〇一三年七月、このサイトを運営していた男がアイルランドで逮捕される。[10] これはＦＢＩがアイルランド警察に依頼したものだが、なぜＦＢＩは匿名のはずのＴｏｒ秘匿サービスの運営者を知ることができたのか。実のところ、ＦＢＩが彼の身元を突き止めるまでの具体的な経緯はわかっていない。だが、同年八月になって重要な事実が判明する。男の逮捕後もフリーダム・ホスティング上で運営されていたサイトは機能していたが、そのページにとあるコード（プログラム）が埋め込まれていたことがわかったのだ。

これは、Ｔｏｒブラウザーのベースとなっているファイヤーフォックス・ブラウザーの当時未公開だった脆弱性（ゼロデイ脆弱性）を悪用するもので、Ｔｏｒブラウザーでこのコードが仕込まれたページを閲覧すると、ユーザーの追跡が可能になる情報が送り込まれる。また、そのコンピューターの本来のIPアドレス、つまり一般的にはユーザーの身元に直結するIPアドレスが外部のサーバーに送られてしまう[11]。これでは、Torの匿名性は丸裸だ。

そしてその「外部のサーバー」はアメリカのバージニア州にあったことがわかっている。バージニア州といえば、アメリカのドラマや映画に詳しい人なら、まずFBIの捜査関連本部があるクワンティコを思い浮かべるだろう。むろんだからといってこれがFBIのサーバーだったと確定できるわけではないが、前後の状況からかなり疑わしいのは間違いない。またFBIは他の捜査でもハッキング手法を使ったという関係者の証言も報じられており、これについては批判も多々ある。

しかしFBIがこのコードを仕込んだのだとしても、なぜ運営者はこれによって特定されたのだろうか。そこから推察されるのは、フリーダム・ホスティングでサービスを提供していたウェブサーバーなどに脆弱性があったということだ。そして管理者が接続するのを待って逮捕したのかもしれない。

だがそれよりは、まず管理者あるいはホスティングしているコンピューターの実際のIPアドレスを特定して追跡し、管理パスワードを入手するなどした後でページを改変してコードを仕込んだという方が理に適っているように思える。だがそうすると管理者を特定した手段が謎だ。その具体的な経緯は今のところ明らかになっていない。

その後フリーダム・ホスティングのサービスはすべて差し押さえられ、活動を停止する。他の秘匿サービスに移行して継続されたものもいくらかあるが、違法なものも合法なものも多くはそのまま消えていった。一方、アイルランドで逮捕されたフリーダム・ホスティング運営者は、当然ながらFBIがその身柄の引き渡しを求めている（FBIはこの男のことを「世界最大の児童ポルノ仲介業者」と呼んでいる）が、精神的な問題を理由に審問が長引き、現在でもまだアイルランドに留まっているようだ。

FBIは嘘をついている？

次の事例は、「薬物のイーベイ」として悪名を馳せた「シルクロード」の摘発だ。シルクロードについては、運営者の裁判を中心に第5章で詳しく解説するが、ここでは技術的なポイントを見るだけにしよう。

FBIによりシルクロードが摘発され、運営者が逮捕されたのは二〇一三年一〇月のこと。フリーダム・ホスティングの閉鎖から二カ月も経たないうちの矢継ぎ早の秘匿サービス摘発となった。とはいえ、シルクロードの匿名性がなぜ破られたかについてもフリーダム・ホスティングの時と同様、ＦＢＩが詳しい手法を発表するはずはない——と多くの人が思っていたことだろう。

だが二〇一四年九月、公判前手続きの一環として検察側が提出したＦＢＩ技術チームの供述書の中に、思いがけないほど詳しい話が記載されていたのだ。(12) 以下当該部分を抜粋する。

なお、ここで登場するＣＡＰＴＣＨＡ（キャプチャ）とは、前述の通り、ウェブサイトでアカウントを作成したりコメントを行ったりする際に自動化ソフトなどによって大量登録を行うのを防ぎ、人間の入力だけを受け付けるための技術のことだ。歪んだ文字が表示され、「数字を入力してください」といったものを見たことは誰でもあるだろう。機械ではこのような字は判別しづらいので、人間であることを確かめる手法として利用される。ＣＡＰＴＣＨＡには数字以外にもさまざまなパターンがある。

・シルクロードのユーザーログインインターフェイスからのＩＰアドレスのリークを発見した。

・二〇一三年七月の初め、シルクロードのログインインターフェイスでの入力要求に答えを入力した際に、ウェブサイトから送られる通信データを念入りに調べた。これは、管理者の領域やサイトの「バックドア」に関連するアクセスではない。単に、公に誰でもアクセス可能なウェブサイトのユーザーログインインターフェイスにおいて、ユーザー名・パスワード・キャプチャ入力欄にさまざまなものを入力するという操作を行っただけだ。正しい値を入力すればシルクロードのホームページがこちらのコンピューターに送り返されてくるし、間違った値ならエラーメッセージが送られてくる。

・ウェブサイトから送り返されてくる個々のパケットを調べると、いくつかの送信元IPアドレスが、わかっている限りのどのTorノードとも結びつかないアドレスとなっていた。調べた通信の中では当該IPアドレスだけがTor外のものだった。もし秘匿サービスがTor上で適切に設定されているのであれば、秘匿サービスから送られてくる通信の送信元IPアドレスはTorノードのものとなるはずであり、秘匿サービスの本当のIPアドレスは隠される。このIPアドレスを、Torを使っていない普通のブラウザーに入力してみると、シルクロードのログイン画面の一部、キャプチャの入力が現れた。このIPアドレスはシルクロードサーバーのアドレスであり、ログイン画面のコードがTor上で動く際には不適切なためアドレスを「リーク」していると考えた。

つまり、サイトのログイン画面を構成する一部分が、Torのノードではなく本来のIPアドレスを指し示していた、とFBIは主張している。やや乱暴な説明だが、フリーダム・ホスティングの際に利用された脆弱性によって引き起こされた（本来のIPアドレスを通知する）のと同じような現象が、サーバー側において不適切な設定により勝手に起きていた、と言ってもいいかもしれない。

ただ、これについては疑問の声が上がった。[13] まず、これほどの穴がそれまで誰にも見つけられていなかったのか、という点だ。シルクロードのようなサービスは、常にさまざまな攻撃に晒されている。商売敵と言うべき他のドラッグ販売サイトなどは、攻撃でシルクロードを停止させればその分、自分のサイトに客を引き寄せることができる。また、ネット上での違法行為を許さないという「自警団」的なハッカーも、攻撃できるポイントがないかと日夜探していたはずだ。それなのにパケットを調べればすぐわかるような弱点が残っていたとは考えにくい。

また、キャプチャ入力画面が本物のIPアドレスを示していたのであれば、シルクロードは自分のサーバーでキャプチャ認証を提供していたということになる。しかし普通は外部のサービスを利用するだろう。キャプチャはユーザー名やパスワードの照合に比べてかなり「重い」処理だ。もし自前でキャプチャを提供していたとしたら、これをリロードし続けることにより、サーバーに大きな負荷を与えることができる。ユーザーが多く、たびたび攻撃を受けるシルクロードが自前でキャプチャを提供するというのは不自然だ。

しかし何より問題なのは「送られてきたパケットに本物のＩＰアドレスが入っているはずがない」という点だ。第３章でも触れたとおり、Ｔｏｒの秘匿サービスではクライアントと同様にサーバーの送信元アドレスも相手に通知されない。だからこそ秘匿サービスが成り立つ。つまり、シルクロードのサーバーを旅立ったパケットに最初に含まれている送信元アドレスが何であれ、Ｔｏｒネットワークを経由してＦＢＩのクライアントに届く際には別物になっているはずだ。キャプチャのパケットだけがＴｏｒを経由せず通常のインターネットからやってきたのだろうか？　だとしたらサーバー側にクライアントのアドレスがバレているということであり、二重の意味でＴｏｒの真に致命的な欠陥ということになる。だが、今のところそのような脆弱性は確認されていない。

つまりＦＢＩの証言は間違っているか、嘘をついているか、重要な部分を隠しているかのいずれかという公算が高い。だが間違いだとしても、これらの情報だけでは、いったいどこをどう間違えたのか見当が付かない。やはり、意図的に真実を伝えていないと見るのが妥当だろう。しかし、なぜそんなことをする必要があるのだろうか。

興味深いのは、この話の前段として「NSAの助けを借りずにFBIがサーバーの場所を特定した」とわざわざ述べられていることだ。なぜここでNSAが出てくるのか。高度なネット捜査ならNSAというイメージがあるが、FBIも負けてはいない、という矜持をもってそう言ったのかもしれないが、「パケットを調べたら見つけた」ではあまり誇れるものではあるまい。むしろ、当時のNSAの悪印象と関連づけられることを恐れたためではないか。

この捜査が行われたという二〇一三年七月は、まさにエドワード・スノーデンによるリークが行われた直後だ。この「タイミング」が裁判官や陪審員の心証に影響するのを懸念したのだろうか。

「二〇一三年七月→スノーデン→NSA→違法（めいた）情報収集」という連想をFBIが恐れたのかもしれない。ハッキングに関わる事件だけに、弁護側が「NSAが協力して違法捜査を行ったのではないか」と攻めてくることも考え、これを防ぐ意味もあったのかもしれない。

逆に言えば、わずかでも悪印象を持たれたら違法と判断されかねない捜査、あるいは明らかに違法な捜査を行ったということを示唆している可能性もある。先述のように、FBIはゼロデイ脆弱性やハッキングツールを使った捜査を行ったと疑われているが、それをあえて否定していないし、そもそも技術的詳細を明らかにしていない。シルクロード摘発に関してのみ、NSAとの関連を否定したり、あえてバックドア（裏口）を使用したわけではない正当なアクセスであるなどと、わざわざ捜査手続きのクリーンさを強調しているのは不自然に感じられる。

国際協力による秘匿サービス根絶作戦

Torの秘匿サービスを利用した違法なマーケットが最も多いのはおそらくアメリカであり、アメリカの法執行機関がその摘発に最も熱心なのは当然だ。そのため三つめの事例もFBIによるものということになるが、これは大規模な国際的協力も行われた例だ。

二〇一四年一一月、FBIとユーロポール（欧州刑事警察機構）は、違法な物品やサービスを販売するTor秘匿サービスの大規模な摘発作戦を行ったことを発表した。[14] この作戦はＦＢＩとユーロポールが主導し、ＤＥＡ（米麻薬取締局）、ＨＳＩ（米国土安全保障調査部）、ＡＴＦ（米アルコール・タバコ・火器及び爆発物取締局）、シークレットサービスなどのアメリカ政府機関や欧州一六カ国の法執行機関が協力したという極めて大がかりな捜査だ。

その結果、四一〇以上のダークマーケットサイト（ただしこれはアドレスの数。実サイト数は五〇と後に明らかにされた）を停止させ、運営者など一七名を逮捕。当時のレートで約一〇〇万米ドル相当のビットコイン、約一八万ユーロの現金のほか、ドラッグ・金・銀などを押収したという。

摘発された中での最大手は「シルクロード2・0」というマーケットで、おそらくここが今回の作戦のメインターゲットだったと思われる。その名前からわかるとおり、シルクロード2・0は、先述したシルクロードの後継を名乗り、ドラッグ以外にも偽造身分証明書類やハッキングツール・サービスなどを販売していた。やはりシルクロード同様に取引はビットコインで行われ、月に八〇〇万米ドルもの売り上げがあったという。この作戦ではシルクロード2・0の他にも、盗難クレジットカード情報・偽造クレジットカード・偽造通貨・銃器など、さまざまな違法物品・サービスを販売するマーケットが多数摘発されている。

作戦のコードネームは「オペレーション・オニマス（Operation Onymous）」。軍事作戦にしろ研究開発にしろ、コードネームは実際の内容と特に関係のないものが付けられることも多いが、この名前はある意味で、今回の作戦の本質、そして本章のテーマを表しているとも言える。

「アノニマス（anonymous）」という言葉はご存じだろう。あの仮面のハッカー集団の呼び名だが、この言葉の意味は「匿名」だ。「オニマス」はアノニマスの対義語で「名を明かすこと」「明らかになった名」といった意味になる。つまりオペレーション・オニマスとは「匿名を暴く作戦」という意味だと見ていいだろう。

前述の二例では、いずれも一つのホスティングサービスやマーケットサイトが摘発されたにすぎない。であれば、運営者が何らかのミスを犯すのを待って、それを手がかりに運営者自身かサイトの実際のＩＰアドレスを突き止める、というやり方だったとしても納得はできる。しかしこのオペレーション・オニマスでは、秘匿サービスとして運営されていた多数のマーケットが一度に摘発され、運営者が逮捕されている。ＦＢＩによるものも含め、それまでもＴｏｒの匿名性を暴こうとする攻撃は幾度となく行われてきたが、これほどの規模で秘匿サービスが特定された例はかつてなかったと思われる。

この件に関しTｏrプロジェクトは、ブログで「我々もあなた方同様驚いている」「どのように特定したのかはわからない」と困惑を表明した。[15] ただし原因についてのいくつかの推測は提示している。最もあり得るシナリオとされているのが、運用上の問題だ。

運営者が他の場所で身元の判明につながる行動を取っていたり、捜査員がネットで運営者に接近して探り出すなど、Tｏrとは関係ないレベルで特定されたという、ある意味ごく普通のやり方だ。だがこの推測も、同時に多数のサイトが摘発されたのはなぜなのか、という疑問が浮かぶ。あるいは、ウェブサイトに脆弱性があり侵入されたとか、ビットコインから足が付いたという推測も示されている。もちろん、Tｏrネットワークへの攻撃という可能性も排除はしておらず、過去に行われた攻撃手段や未知の脆弱性についても検討されているが、結論は出ていない。

オペレーション・オニマスの派手な成果を受けて、Tｏrコミュニティには衝撃が走った。「もしやTｏrに何か致命的な脆弱性があったのではないか？」「Tｏrはもう安全ではないのではないか？」と多数のユーザーが不安を募らせた。それを裏付けるかのように、ユーロポールのヨーロッパサイバー犯罪センター主任は、プレスリリースの中で、「我々は単にこれらのサービスをオープンなインターネットから排除しただけではなく、今回はTorを使ったダークウェブにおいて打撃を与えたのだ。長い間、犯罪者たちはTorが司直の手の及ばない場所だと考えていた。だが今や我々は彼らが不可視でもなければ手の届かないものでもないと示すことができた(16)」とさながらTorの匿名性を破ったかのように述べている。

さらに憶測を呼んだのは、オペレーション・オニマスに先立つ二〇一四年の七月、Torの匿名性を完全に破ったと主張するセキュリティ研究者がいたことだ。彼らは毎年八月に開かれるセキュリティ会議「ブラックハット」でその研究結果を発表するとしていたが、直前になってそれを取り下げた。そのためセキュリティ業界からも、実際に致命的な脆弱性があり、それをFBIが買い取ったのではないか、と憶測を呼んだ。

だが冷静に考えると、匿名性を破ったにしてはおかしい点がある。シルクロード2・0よりも大きなドラッグマーケットが少なくとも二つ、摘発されずに残っているのだ。匿名性に縛られずにどの秘匿サービスでも摘発できるのであれば、「大物」からやっつけるのが法執行機関としては自然だろう。しかし「小物」の方から摘発したということは、シルクロード2・0にはつけ込める弱点が存在した一方で、「大物」の方にはそれがなかったので摘発できなかった、と見るのが妥当だ。

つまり、Ｔｏｒ秘匿サービスすべてに共通する弱点ではない可能性が高い。多数の秘匿サービスが摘発されていることを考えれば、「ありがちなミス」の類なのかもしれない。そして、ある程度の数の情報を握ったところで一気に摘発し、Ｔｏｒユーザーに「もう安全ではないのか」という恐怖心を与えることが目的だったのではないだろうか。その後は、オペレーション・オニマスに並ぶ規模のＴｏｒ秘匿サービス摘発は起きていない。もし匿名性が破られているなら、毎日のように次々と摘発の話が聞こえてきてもおかしくないはずだ。

匿名性は守られるか

ここまで見てきたように、各国の法執行機関、特にＦＢＩはさまざまな手を使ってＴｏｒの匿名性を破ろうとしている。だが、現在のところＴｏｒはよく持ちこたえていると言っていいだろう。修正が不可能・困難といった大きな脆弱性はいまだに見つかっておらず、通常の使用では匿名性は保たれていると考えて問題はないだろう。

もちろん、Ｔｏｒも完全な匿名性を保証するものではない。もし経路上のすべてのノードが乗っ取られれば、匿名性は存在しない。経路がたまたま全部乗っ取られたノードに当たるという可能性はごく低いが、それでも「限りなくゼロに近い」というほどではないだろう。また見てきたように、出口ノードから通信相手先までの経路は暗号化されていないことも忘れてはいけない。

Ｔｏｒコミュニティが一番恐れているのは、ＦＢＩがフリーダム・ホスティング摘発で使ったようなゼロデイ脆弱性だ。一般的な脆弱性ならソフトウェアのアップデートで対応できるが、ゼロデイの場合は避ける術はない。摘発目的で仕込まれたものなら、違法のにおいがするサイト・サービスには近寄らないようにすればおおむね回避できるだろうが、悪意のあるハッカーが同様の攻撃を行う可能性もある。だが危険性を過剰に心配していたらネットなども一切使えなくなるし、言ってみれば、道も歩けない。利用者としては、利便性との引き換えとして、どこかで思い切りが必要になってくる。

一方、法執行機関の側から見れば、Ｔｏｒは今後も難敵であり続けるだろう。今のところ日本国内の捜査において、Ｔｏｒの匿名性が破られた事例はない。もしかしたらＮＳＡなどはすでにＴｏｒを完全に攻略しているのかもしれないが、日本の警察がその技術を共有する可能性は低いだろう。そういう技術があると知らされることすらないかもしれない。

Ｔｏｒのような匿名ツールは、やはり世界のためには必要だ。しかし、悪事に使われるのもまた現実。匿名になりたい側も匿名を破りたい側も、その事実を受け入れてＴｏｒに臨むべきだろう。

注

（1）「『悪質なサイバー犯罪』片山被告に懲役8年判決　東京地裁　遠隔操作事件」
http://www.sankei.com/affairs/news/150204/afr1502040009-n1.html

（2）「警察庁がＩＳＰにＴｏｒのブロックを要請!?:」
http://negi.hatenablog.com/entry/2013/04/23/234149

（3）United States Naval Research Laboratory
http://www.nrl.navy.mil/

（4）Defense Advanced Research Projects Agency
http://www.darpa.mil/

（5）Tor
https://www.torproject.org/

（6）Dr Gareth Owen: Tor: Hidden Services and Deanonymisation
https://www.youtube.com/watch?v=-oTEoLB-ses

（7）Edward Snowden Explains How To Reclaim Your Privacy

https://theintercept.com/2015/11/12/edward-snowden-explains-how-to-reclaim-your-privacy/
(8) 「匿名化ツール『Ｔｏｒ』の落とし穴？（1） 大使館等の通信傍受に成功」
http://wired.jp/2007/09/13/%E5%8C%BF%E5%90%8D%E5%8C%96%E3%83%84%E3%83%BC%E3%83%AB%E3%80%8Etor%E3%80%8F%E3%81%AE%E8%90%BD%E3%81%A8%E3%81%97%E7%A9%B4%E2%80%95%E2%80%95%E5%A4%A7%E4%BD%BF%E9%A4%A8%E7%AD%89%E3%81%AE%E9%80%9A/
(9) Tor FAQ
https://www.torproject.org/docs/faq.html.en
(10) Eric Eoin Marques: 28-year-old architect's son from Dublin accused of being world's biggest dealer in child abuse images
http://www.independent.co.uk/news/world/europe/eric-eoin-marques-28-year-old-architect-s-son-from-dublin-accused-of-being-world-s-biggest-dealer-in-8782756.html
(11) FBI Admits It Controlled Tor Servers Behind Mass Malware Attack
https://www.wired.com/2013/09/freedom-hosting-fbi/all/1
(12) Dread Pirate Sunk By Leaky CAPTCHA
http://krebsonsecurity.com/2014/09/dread-pirate-sunk-by-leaky-captcha/
(13) Analyzing the FBI's Explanation of How They Located Silk Road
https://www.nikcub.com/posts/analyzing-fbi-explanation-silk-road/

(14) More Than 400 .Onion Addresses, Including Dozens of 'Dark Market' Sites, Targeted as Part of Global Enforcement Action on Tor Network
https://www.fbi.gov/news/pressrel/press-releases/more-than-400-.onion-addresses-including-dozens-of-dark-market-sites-targeted-as-part-of-global-enforcement-action-on-tor-network

(15) Thoughts and Concerns about Operation Onymous
https://blog.torproject.org/blog/thoughts-and-concerns-about-operation-onymous/

(16) Global action against dark markets on Tor network
https://www.europol.europa.eu/content/global-action-against-dark-markets-tor-network

第5章　最大の闇市場「シルクロード」の黒幕逮捕

史上最悪のサイバー闇市場

二〇一五年一月一三日、世界一悪名高い薬物販売サイト「シルクロード（Silk Road）」の黒幕として起訴されていたロス・ウィリアム・ウルブリヒト容疑者の裁判がついに始まった[1]。米連邦検事はウルブリヒトが麻薬密売、コンピューター・ハッキング、マネーロンダリングを共謀して莫大な利益を得たと主張。一方のウルブリヒトは、同サイトの開設に携わったことを認めたものの、その運営には関与していないと語り、全ての容疑を否認している。

ウルブリヒトがＦＢＩに逮捕されたのは二〇一三年一〇月、刑事告訴されたのは翌年二〇一四年二月だった。ＦＢＩ捜査官のクリストファー・ターベルは、訴状の中で次のように記している[2]。

「ウルブリヒトは『シルクロード』の名で知られる闇のウェブサイトを所有し、またそれを経営していた」

「シルクロードは、最も洗練された大規模な犯罪的市場として捜査対象に浮上していた」

このシルクロードを巡る騒動は、日本ではあまり大きく報道されていない。しかし欧米のメディアでは多数取り上げられており、とりわけ米国ではアレックス・ウィンターを監督に迎えたドキュメンタリー（作品名「ディープ・ウェブ（Deep Web）」、米国ＥＰＩＸで二〇一五年に放映[3]）が撮影されたほど注目を集めた話題だ。本章では、「史上最悪のサイバー闇市場」と言われたサイトの創設者であるウルブリヒトの裁判の内幕と、シルクロードがどのようなサイトであったのかについて辿っていきたい。

二〇一一年二月（一部報道では二〇一一年一月）に開設された「シルクロード」は、法で規制されている薬物をオンラインで販売するためのマーケットを、麻薬ディーラーたちに提供する役割を担っていた。歴史的な交易路網の名を冠した同サイトは、まさしく世界中のディーラーから愛用される存在となり、その規模の大きさや商品の多様さから「薬物のイーベイ（eBay for drug）」とも呼ばれていた。二〇一一年二月から二〇一三年七月にかけて、三八七七の販売者アカウントと一四万六九四六の購入者アカウントの間で行われた取引数は、一二二万九四六五件だったと報告されている。

具体的なサービス内容を見てみよう。シルクロードは大麻はもちろん、コカインやＬＳＤなどの一般的に入手困難な薬物も「安全」に販売・購入できるサイトとして絶大な人気と信頼を集めていた。そこでは売人の評価システムが採用されていたため（一般的なオークションサイトや中古品売買サイトの「出品者評価」を想像していただきたい）、詐欺的な取引をするディーラーは淘汰されるようになっていた。つまり購入者は、裏路地で危険な取引をする必要もなく、ただ「品質の良い薬物を安く扱うと評判のディーラー」を選び、膨大な数のアイテムから欲しいものを注文し、それが自宅に届くのを待つだけだった。

このように大がかりな違法サイトが、なぜ三年近くも閉鎖されなかったのかと疑問に思う方もいるかもしれない。まず「シルクロード」を語る上で欠かせない特徴の一つは、それが「Ｔｏｒ」を経由しなければアクセスできない仕組みになっていたことだ。第3章で詳しく見たとおり、Ｔｏｒを介して行われる通信は匿名化されるため、たとえ通信を傍受しても利用者のＩＰアドレスは追跡できない。さらに、同サイトで利用できる通貨は仮想通貨ビットコインに限られており、一般的な銀行やカード会社などを通した決済は一切行われないため、法執行機関は金の流れを追うことができなかった。

つまり、Ｔｏｒとビットコインの特徴を最大に生かした（悪用した）「シルクロード」は、利用者にとって「安心して取引できる明快なサービス」であった反面、それを捜査する側にとっては「苛立たしいまでに手がかかりのない悪質なサービス」だったと言えるだろう。そして、この闇サイトの創設者であり運営者であると考えられていたのが、通称

「恐怖の海賊ロバーツ（Dread Pirate Roberts）」（あるいは「ＤＰＲ」「シルクロード」）と呼ばれる人物だった。

ちなみに「恐怖の海賊ロバーツ」の名は、映画化もされた長編小説「プリンセス・ブライド」に登場する海賊の名から得たものと考えられている。この小説では、物語が進むにつれて、『『恐怖の海賊ロバーツ』は一人の人物ではない」という秘密が明かされる。闇のサイトで正体を隠すボスに相応しい名前と言えそうだ。

「恐怖の海賊ロバーツ」（以下ＤＰＲ）は、現在の薬物法規制に批判的なリバタリアニズムの提唱者という立場で、「シルクロード」のユーザーに対しても「クリーンな利用」を求めていた。しかし他のサービス（「シルクロード」以外にも違法な薬物販売サイトは複数ある）と競い合うために手広い宣伝活動も行っていた。ＦＢＩの訴状によれば、彼が「シルクロード」の運営によって得た利益は八〇〇〇万ドルにも及ぶ。

現時点の裁判でＤＰＲに掛けられている嫌疑は、麻薬販売の共謀、マネーロンダリング、コンピューター・ハッキングだが、少なくとも二度にわたって第三者に殺人を依頼した疑いもかけられている。たとえば二〇一三年三月、ＤＰＲは自分を脅迫した「シルクロード」のユーザーを一五万ドルで始末し、その遺体の写真を送るよう第三者に依頼したと伝えられている。ただし、この件に関してはDPRが騙されたという説も有力視されており、実際には殺人が行われなかった可能性が高い。ともあれ、少なくともFBIの訴状には「DPRが第三者にユーザーの殺害を依頼した件」が綴られている。

DPRが非常に大規模な麻薬市場を牛耳っていただけでなく、その他の深刻な犯罪にも関与していることは明らかだったものの、米当局はDPRや共犯者たちの正体を摑むことができなかった。シルクロードと関わった初の逮捕者も、同サービスの重要人物ではなく、豪州在住のディーラーだった。二〇一二年六月、コカインとエクスタシーを販売していたとして逮捕されたポール・レスリー・ハワード[4]は、その後の家宅捜索によって「シルクロード」のディーラーであることが判明した。つまり「警察がシルクロードの売人を逮捕した」というより、「たまたま捕まえた犯罪者が『シルクロード』に関わっていた」と言ったほうが正しいだろう。

これほど強固な対策がとられていた「シルクロード」で、なぜDPRの正体が割られたのか？　ウルブリヒトがDPRであるという証拠には、どの程度の信頼性があるのか？　そして「シルクロード」の黒幕は本当に彼一人だったのか？　ビットコインとシルクロードの間には、どのような関係があったのか？　それらの謎について、順を追って見ていこう。

八〇〇〇万ドル荒稼ぎした黒幕「ウルブリヒト」の素顔

ＦＢＩがサンフランシスコの公立図書館でウルブリヒトを逮捕したのは、二〇一三年一〇月一日のことだった。(5) 翌日一〇月二日、「史上最悪のサイバー闇市場」と呼ばれた「シルクロード」のサイトには、サービスの閉鎖を伝えるメッセージとともにアメリカ司法省やＦＢＩのロゴが掲載された。さらに「シルクロード」のビットコインウォレットからは三六〇〇万ドル相当（当時）のビットコインも押収された。

「ＤＰＲの名で『シルクロード』を牛耳った人物」としてＦＢＩが逮捕したのは、テキサス州在住の二九歳の青年だった。その報道を耳にして、さっそくウルブリヒトの情報をチェックした人々の多くは唖然とさせられただろう。「闇市場のボス」として捕らえられた彼のさまざまな個人情報は、簡単にインターネットで検索できる状態にあったからだ。あろうことか、彼はソーシャル・ネットワーキングサービス「リンクトイン」のアカウントも持っていた。(6) そのプロフィールの自己紹介欄で、彼は以下のように語っている。

「私のゴールは、単純に人間の知識のフロンティアを拡大させることだった」「（しかし）

現在の私は進路を変えた」「私は、人々に対する圧力と暴力の行使を廃絶するための手段として経済理論を活用したい」「私は、『社会制度や政府の力に頼らない生活』を、人々に直接的に体験させることに注力している」

まさに「リバタリアニストＤＰＲ」そのままの、呆れるほどストレートな主張を、彼は本名と顔写真入りでオンラインに掲載していた。正体を知られたくない黒幕の行動だとするなら、あまりに無防備だ。

さらに人々を驚かせたのは、ウルブリヒトの容姿だった。ＤＰＲは、「匿名通信と暗号通貨を巧みに利用し、麻薬販売や殺人依頼などの凶悪な犯罪行為を重ねた男」と伝えられてきた。しかしＦＢＩが逮捕した男は、マフィアの首領にも薬物ディーラーにも見えず、またハッカーイベントにいるようなモヒカン少年や、研究者タイプの若者でもなく、まるでアウトドア派の学生のように健康的な、「恐怖（Dread）」という言葉の対極にあるような「好青年」だった。

しかしＤＰＲの容姿よりも気になるのは、ＦＢＩが、どうやって彼を特定したのかという問題だ。これは薬物には何の興味もないサイバーセキュリティ関係者たちにとっても非常に重要な話題である。もしもＦＢＩがＴｏｒの匿名化を破ったのなら、業界を揺るがす大事件だからだ。

ＦＢＩはウルブリヒトを逮捕した際、「彼は自身の身元に関するセキュリティで、多くのミスを犯していた」「我々はシルクロードのホストに利用されていた特定の海外サーバーを突き止めた」「法的な相互援助の要請を通し、そこにアクセスした」と発表した。彼のミスや捜査に関しては、訴状の中に具体的な説明があるものの、肝心な詳細の部分（Ｔｏｒを介して行われた通信を追跡したのか、それは成功したのか、相互援助とは何なのかなど）については語られていない。

二〇一三年一〇月のセキュリティ業界といえば、数カ月前にエドワード・スノーデンが「米国諜報機関ＮＳＡのシギント能力」を暴露したばかりで、その興奮がさめやらぬ状態だった。「ＮＳＡは特定の状況下でＴｏｒを破ることができたが、原則としてその秘匿サービスを傍受することは難しかった」とスノーデン情報で明かされたことを受け、Ｔｏｒの利用者数が大幅に増えた時期でもあった。そのタイミングでウルブリヒトが逮捕されたため、「おそらく米国は、Ｔｏｒさえも打ち崩す何らかの手段を使ったのだろう」と伝えるメディアもあった。

ＦＢＩが本当にＴｏｒを破ったのかどうかは、いまだ明確にはなっていない。だが、ウルブリヒトが逮捕され、「シルクロード」が閉鎖された後、これまで正体を暴かれることのなかった同サービスの利用者たちが、世界中で続々と検挙されはじめたのも事実だ。

米国では「ヘロインやコカインなどを販売し、『シルクロード』で最も高い評価を得ていた上位一％のディーラーの一人」である四〇歳の人物[7]が、英国では違法薬物を所持していた四人（五〇代の首謀者、二〇代の共謀者三人）[8]が、スウェーデンでは大麻を販売していた二人が、同サイトの閉鎖から一週間と経つことなく逮捕されている。

もう一つ大きな影響を受けたのがビットコインだ。「シルクロード」とビットコインの間には、切っても切れない関係がある。「シルクロード」は、現在のようなメジャー通貨ではなかった時代にビットコインの知名度を上げただけでなく、その利用者数も大幅に増やし（なにしろビットコインを持っていなければ何も利用できないサービスだった）、その通貨が「最大手の仮想通貨」となることに大きく貢献したサイトだった。その反面、シルクロードはビットコインが批難される際には必ず引き合いに出される犯罪サービス、つまり「ビットコインの面汚し」的な存在でもあった。その「シルクロード」が閉鎖された二〇一三年一〇月二日、FBIがビットコインの違法性を問うたわけではないにも関わらず、その価格は大暴落したのだ。[9] ただし、そのレートは比較的短い期間で持ち直したため、一部の関係者は「もはやビットコインは『シルクロード』に左右されない」とも論じた。

ウルブリヒトの話題に戻ろう。FBIの訴状によれば、ウルブリヒトは違法な薬物等を売買するマーケットプレイスとして一二億ドル以上を稼いだ「シルクロード」を運営し、そのうちの八〇〇〇万ドルを彼自身の利益にしたという。すべての容疑を否認しているウルブリヒトは、実際のところ当局によって約一四万ビットコイン（当時のレートで約一二〇億円）を押収されているのだが、彼はそれを「個人的に所有する財産」だと訴え、返却を申し立てている。そんな彼の生活は非常に質素であり、家賃一〇〇〇ドル程度の部屋を友人とシェアして借りていたほどだ。だが、その裁判が進むにつれ、さらに混迷を深めるような話が続々と飛び出してきた。

取り沙汰された「マウントゴックス」との関係

裁判の初日となった二〇一五年一月一三日、ウルブリヒトの弁護を務めるジョシュア・ドラテル弁護士は、『『シルクロード』を開発したのは、確かに彼である」ということを初めて認めたものの、これまでと同様に「彼はいかなる犯罪行為にも関わっていない」との主張を繰り返した。ドラテル弁護士による冒頭陳述は「ロス（ウルブリヒト）は薬物のデ

ィーラーではない。ロスは重要人物ではない。ロスは陰謀に関与していない」というものだった。(10)

ウルブリヒトの作り上げたものは、後に世界で最も悪名高い薬物のサイバー闇市場となったが、「彼はDPRの正体ではない」とドラテル弁護士は繰り返し主張し、次のように語った。

「サイトを開発してから数カ月後、ウルブリヒトは他の複数の個人へ『シルクロード』の管理を引き継いだため、その後に起きた様々な違法行為に関しては、何もすることができなかった」

「捜査の手が迫っていることに気づいた当事者たちは、ウルブリヒトを陥れてDPRに仕立て、責任をなすりつけた」

しかし、検察側はそれらの話はナンセンスだと切り捨てた。ウルブリヒトが図書館で現行犯逮捕された際、彼はDPRとして「シルクロード」のサポートスタッフと情報交換をしている最中だった。そのときの通信相手のスタッフはFBIのジャレド・デルエギイェッドアイン（Jared Der-Yeghiayan）特別捜査官だったという。デルエギイェッドアインは「数少ない内部スタッフ」の一人として、それまでウルブリヒトの行動を監視してきたということのようだ。ウルブリヒトの主張がやや大雑把で強引に聞こえる一方で（ドラテル弁護士は、ウルブリヒトがサイトの管理を譲ったという相手の名前すら挙げていない）、シルクロードへの潜入捜査を行ったうえでウルブリヒトの逮捕に踏み切った検察側の主張には、それなりの説得力がある。

この初日の裁判の様子を伝える報道を目にした多くの人々は、ウルブリヒトが圧倒的に不利だと考え、意外と早く決着がつくと予想したかもしれない。しかし一五日に行われた公判では、ドラテル弁護士の口から爆弾発言が飛び出した。それは、「ウルブリヒトを罠にかけた『シルクロード』の管理人ＤＰＲは、マウントゴックス（Mt.Gox）のマーク・カルプレスだ」という突拍子もない話だった。(11)

マウントゴックスといえば、読売新聞の二〇一五年の元旦一面を「ビットコイン不正操作　消失の99％無断取引か」という見出しと共に飾った、あの倒産した日本拠点のビットコイン取引所である。「シルクロード」とビットコインの両者は非常に密接に関わっていることは確かだとしても、あまりに信じがたい発言だった。

ここで終われば、ただの「トンデモ話」だろう。しかし、この裁判ではデルエギイェッドアインが、次のような発言を行ったため、事態はさらに混乱をきたした。

「たしかにカルプレスには、『シルクロード』の管理者であるという疑いがかけられていた」
「二〇一二年には彼のGメールのアカウントを捜査する捜査令状も申請された」
「カルプレスはビットコインの価値を高めるために『シルクロード』を運用していると考えられていた」
さらには、「私は（カルプレスが）DPRであると証明するための証拠を山ほど持っている」という宣誓供述書をデルエギイェッドアインが二〇一三年に書いていたという事実も判明した。なお、念のために記すと、これらは過去の話だ。[12]
この件に関し、当のカルプレスは「恐らくあなたを失望させるだろう。しかし私はDPRではないし、過去にそうだったこともない」と速やかにツイートした。[13] また、テクノロジー・ニュースサイト『アルス・テクニカ』の取材に対して、次のように答えている。[14]
「その捜査は、すでに結論が出ている。だからこそ、いま『シルクロード』の裁判の被告席に座っているのは、私ではない人物なのだ。私はただ、ドラテル弁護士が、彼の依頼人への注目をそらすため、できる限りのことをしているのだなと感じるだけだ」
なお、カルプレスはマウントゴックスの資金を不正流用した業務上横領の容疑などで二〇一五年八月、警視庁に逮捕され、九月に起訴されている。逮捕前、スプラウトの取材に対し、マウントゴックスの資金消失および「シルクロード」との関係については明確に否定した。

この裁判で語られた興味深い話は、これだけではない。決定的な証拠を摑んでいると思われた「シルクロード」の潜入捜査官、デルエギイェッドアインに対するドラテル弁護士の質問では、次のようなやりとりがあった。

「あなた自身、『DPRとされる人物が何度も変化している』と思った。そうですね？」

「これは違う人が書いた文章だなと思ったことは、はい、ありました」

「あなたは組織の人々に対し、『DPRとされる人物が四月に変わった』と話していませんでしたか？　あなたは別のDPRがいると考えましたね？」

「その通りです」（彼はそのような内容のメールを同僚に送っていた）

「あなたは一ダースのアカウントを持ち、管理者権限を持っていた」

「はい」

「あなたは他の管理者たち、イニゴ（Inigo）やリベルタス（Libertas）と通信しましたね？」

「はい」

「彼らはあなたが捜査官だとは知らなかった。他のユーザーも、誰一人としてシーラス(cirrus：デルエギイェッドアインが利用したアカウント)が捜査官だと気付かなかった?」

「そうです」

「あなたは複数のアカウントを持っていた。誰も『お前は捜査官だ! 警察だ! 出て行け!』とは言わなかったのですか?」

「誰と会話しているのかという点については、常に一定の不信感がありました。我々はどのアカウントで誰が活動しているのかを知るのが難しかった時期もありましたから」

「あなたはDPRと電話で会話したことがありませんね? 普通のインターネット接続で通信したことはありませんね?」

「Torの中だけです」

(二〇一五年一月一六日の『アルス・テクニカ』の記事より[11])

つまり、シルクロードの内部に潜入していたデルエギイェッドアインは、DPRにあたる人物が変化したと考えたことがあったが、それを確認できなかった。また内部で働いている人々は、他のアカウントを持つ人物が誰なのかを理解しておらず(実際、デルエギイェッドアインは管理者の一人が女性であることを後に知らされて驚いている）、またＤＰＲともＴｏｒを通した連絡しか行っていなかったということになる。

最初の有罪評決

二〇一五年二月四日、ウルブリヒト容疑者に対し、その時点で掛けられていた七つの容疑の全てに有罪評決が出た[15]。ニューヨークのマンハッタンを舞台に、三週間以上にわたって繰り広げられたウルブリヒトの裁判は、「ＤＰＲはウルブリヒトである」という検察側の主張と、「ウルブリヒトは『シルクロード』の開設に携わっただけであり、本物のＤＰＲは他にいる」という弁護側の訴えが、最初から最後まで対立したままだった。

検察側は、「シルクロード」の管理人の一人として潜入していた米国土安全保障省の特別捜査官をはじめ、複数の証人による数々の証拠を集めて、「ノートパソコンと無線ＬＡＮだけを武器に『シルクロード』を牛耳っていたＤＰＲ」をウルブリヒトと結びつけた。とりわけ、ウルブリヒトのコンピューターから一四万四〇〇〇ビットコイン（逮捕時で約二五億円相当）が発見されたことは、陪審団にとっても非常にインパクトが強く、分りやすい証拠だったことだろう[16]。

さらに「ウルブリヒトがＤＰＲとして、『シルクロード』の売人（「フレンドリー・ケミスト（FriendlyChemist）」のハンドルを持つカナダ在住の男性）の殺人を企てていたこと」を示すメッセージも提示された。もとよりウルブリヒトには殺人依頼の嫌疑もかけられているものの、それは今回ニューヨークで開かれた裁判の訴因には加えられていないため、ウルブリヒトの弁護団が「不適切、的外れ（irrelevant）であり、不当な先入観を植え付ける」として言及を避けるよう事前に要求していた問題だった。[17]

一方、ウルブリヒトの弁護団のリーダーであるジョシュア・ドラテルは、「匿名性の高いＴｏｒを利用した『シルクロード』のサービスで、ＤＰＲとウルブリヒトを結びつけるのは、いかに短絡的であるのか」という点を繰り返し強調した。また、破綻したビットコイン取引所マウントゴックスの創設者カルプレスが本当のＤＰＲだという説を展開し、さらにはウルブリヒトの知人たちに「彼がいかに無害な人間であるか」を証言させるなど[18]して、全ての容疑を否定しようとした。

ドラテル弁護士は評決の前日の最終弁論で、以下のように発言している。

「インターネット上のすべてのものは、『そのように感じられるもの』とは異なっている……あなたは架空のエピソードを丸ごと作り上げることができる。あなたがここで、それが本当だったのかどうかを語ることはできない[19]」

しかし、図書館で急襲を受けて逮捕され、ノートパソコンを押収された際のウルブリヒトは、そのラップトップで「DPR」としてログインし、「シルクロード」の仲間とチャットを行っている最中だった。その状況一つとっても、ドラテルのコメントは説得力に欠ける。結局、彼の弁護団は「彼がDPRでないこと」を決定的に示す証拠を、陪審団（おそらくは、ネット上での成りすまし行為に詳しくない人々）に示すことができなかったようだ。ブルームバーグの報道によれば、男性六人女性六人の計一二人で構成されたマンハッタン地区連邦地裁の陪審団は、わずか三時間半という短い評議の後、すべての訴因についてウルブリヒトを有罪と見なした。

さて、サイバーセキュリティ関係者にとって最も気になるのは、匿名性を重視して設計された「シルクロード」でどのように犯人が特定されたのかという点だろう。この問題については、『コンピューター・ワールド』のヨアブ・ジェイソンが、五つのテクノロジー（ビットコイン、チャットのログ、暗号化、SNSなどの公的なウェブサイト、サーバーへの自動ログイン）を説明しながら、それらがどのように犯人特定と結びついたのかを分かりやすくまとめている[20]。

この記事をもとに考えるなら、「当局が、匿名性を守るように設計された環境を技術的に破り、ウルブリヒトを特定した」とは言い切れそうにない。ヨアブも記しているとおり、ウルブリヒトはいくつもの失敗を重ねているからだ。例えば、彼の利用していたチャットサービス「Ｔｏｒチャット」は、メッセージの暗号化を約束するものであったにも関わらず、彼はシルクロードの管理人たちとのチャットログを「暗号化しないまま」自分のコンピューターに残すという方法を選んでいた。

その他にも、「ウルブリヒトが『グーグルプラス』のプロファイルでシェアしていたものと同じビデオが、『シルクロード』ではＤＰＲのアカウントでリンクされていた」「シルクロードの宣伝が二つのフォーラムに書き込まれた際、その連絡先が rossulbricht@gmail.com であった」といった、非常に脇の甘い凡ミスも数多く発覚している。もしウルブリヒトが慎重に行動していたなら、果たして当局は別の手法で彼を捕らえることができただろうか。それは想像の域を出ない話だ。

一方で、「シルクロード」の支配者ＤＰＲが、これほど初歩的なミスを重ねるのは不自然だと考える向きもあるだろう。推察の一例として紹介すると、二〇一三年の時点で彼のミスの詳細について報道していた『The Register』は、当時のウルブリヒトが「自分の売り物でハイになっていた」のではないかと論じている。[21]

ともあれ、ニューヨークのシルクロード裁判は終わった。ドラテルは二〇一五年三月六日、「ウルブリヒトの無罪弁明に使われる証拠や情報の提供を、米国政府は的確なタイミングで行うことができなかった。（中略）公正な裁判のやり直しを行う必要がある」と訴える公式文書を裁判所に提出した。[22]

捜査関係者のスキャンダル発覚

二〇一五年三月三〇日、全く予想外のスキャンダルが発覚した。米国司法省が「シルクロード」裁判に関連する「別の容疑者たち」を逮捕したのだ。その容疑者とは、元麻薬取締局のカール・フォース（四二歳）と、元米国シークレットサービスのショーン・ブリッジ（三六歳）の二人。彼らに掛けられた容疑は、DPRから押収したビットコインの窃取である。

つまり彼らは、シルクロードの元幹部でも麻薬ディーラーでもなく、DPRを検挙するために働いていたはずのエージェントだった。DPRの捜査を行っている最中に、フォースは最低でも二三万五〇〇〇ドル（当時のレートで約二八〇〇万円）を、ブリッジは八二万ドル（約九八〇〇万円）相当のビットコインを盗んだとして、「電子通信を利用した詐欺」「国有財産の窃盗」「資金洗浄」「利益相反」の四つの容疑を掛けられたのだ。(23)

この、まるで映画のような展開が、ウルブリヒト裁判をますます興味深いものにした。彼らの横領は決して単純な手口ではないため、二人の犯罪をすべて網羅することはできないのだが、ここでは公にされている訴状(24)の中から、「元麻薬捜査官フォースの驚くべき行動」をいくつか見てみよう。

訴状によると、フォースは逮捕前のウルブリヒトとコンタクトを取っていた潜入捜査官で、その検挙においては主導的な役割を果たしていた。まず、彼は捜査の一環として、「シルクロード」のアカウント「Ｎｏｂ」を取得。フォースは、このアカウントでシルクロード内の暗号メッセージサービスやチャットを二〇一二年から利用し、シルクロードの黒幕ＤＰＲと連絡を取り始める。そして二〇一三年の中頃には、「麻薬取締局の現職員から届けられた内部情報を提供したい」という取引を持ちかけ、ＤＰＲから多額のビットコインを受け取った。Ｎｏｂは「世界中の犯罪組織にコネを持つ男」を演じており、ＤＰＲはそれを信じたようだ。

ここまでは、麻薬捜査官である彼の権限内の行動だった。実際、ＮｏｂがＤＰＲを罠にかける際のやりとりは麻薬取締局にも報告されている。しかしシルクロードのサーバーやウルブリヒトのパソコンが押収され、それらが詳細に調べられた結果、「フォースは捜査で得たビットコインの一部を、自分のアカウントに横流ししていた」という新たな事実が判明したのである。

その手口の一例はこうだ。フォースは「インサイダー情報に詳しいケヴィン（Kevin）」なる架空の重要人物を仕立て上げたうえで、DPRに「ケヴィンが寄付を求めている」と連絡し、それをビットコインで支払うよう助言した。実質的には「寄付」というより、「上納金」のようなニュアンスだったのかもしれない。フォースは、この「ケヴィン計画」を捜査の一環として堂々と行っている。その活動内容を公的な事件簿で報告した際、彼は文末に「Note: DPRからの納金はなかった」と明記した。しかし実際には、このときDPRからNobに五二五ビットコイン（当時のレートで約五三〇万円相当）が支払われており、そこで交わされた二人のメッセージには、警察機関に読まれることがないよう、ご丁寧にも暗号化ソフトウェアPGPが使われていたという。

ウルブリヒトのパソコンから検出されたデータによると、シルクロードのボスであるはずのDPRは、Nobに対して「ご依頼の五二五ビットコインを送金しました。これまで、どの程度の額をお送りするべきかを知らずに失礼しました。私は、金額が少なすぎるのではないか、あるいは愚かに思われるほど多すぎるのではないかと恐れていたのです。私がご面倒をおかけしていないことを願っています」という、非常に低姿勢なメッセージを送っていた。ちなみに「メッセージをPGPで暗号化する」という二人の習慣も、Nobの指示によって始まったものだ。訴状の中には、暗号化を忘れたうっかり者のDPRに対し、Nobが「PGPを使え！」と叱りつけたエピソードまで綴られている。

さらにフォースは、取締局には報告していない二つの私用アカウント「フレンチ・メイド（French Maid）」と「デス・フロム・アバヴ（Death from Above）」も取得しており、三人の異なる人物に成りすますことで、複数回に渡ってDPRから金を巻き上げては自分の懐に入れていたという。それぞれのアカウントの役割は、「フレンチ・メイド」が「DPRの捜査に通じている人物」、そして「デス・フロム・アバヴ」は「金を払わなければDPRを殺すと恐喝する人物」だった（ただし、この恐喝は失敗に終わっている）。

「フレンチ・メイド」がフォースであったことを示す証拠の中で、とりわけ面白いのは、「フレンチ・メイド」がDPRに送った一通のメールである。その文末には、驚くべきことに本名である「カール（Carl）」の名が記されていた。その四時間後、「フレンチ・メイド」はDPRに宛てて新たなメッセージを送っている。「さっきはごめんなさい、私の名前はカーラ（Carla）・ソフィアです。（中略）私が伝えなければならないことは、DPRにとって『知りたいこと』になるはずですよ　xoxoxo」（文末の記号は、ウインクと「キスハグキスハグ」を表している）。

しかし、この「ドジっ子のフレンチ・メイド」は、途方もなく大胆な相談をDPRに持ちかけている。大まかにまとめると、「フレンチ・メイド」は「そろそろDPRが逮捕されそうです。そこで司法省に対し、あなたの代わりにマウントゴックスCEOのマーク・カルプレスの名を『DPRの正体』として挙げましょう」という提案とともに、DPRに一〇万ドル（約一二〇〇万円）相当のビットコインを要求したのだ。DPRは喜んでそれを支払っている。

ここで思い出されるのは、裁判の中でウルブリヒトが、「自分はDPRではない。本物のDPRはマーク・カルプレスだ」と主張していたことだ。いま振り返ると、それは突拍子もない責任逃れの発言ではなく、もしかすると「私は一〇万ドルを払ったのに！」という悲鳴だったのかもしれない。

余談ではあるが、フォースと共に告訴されたブリッジもまた、捜査の最中に盗難したビットコインを自分のものにするため、わざわざ日本の交換所であるマウントゴックスの口座を利用していた。それは奇妙な偶然なのか、「遠いアジアの交換所」という存在が彼らにとって好都合だったのか、あるいは別の理由があったのかは今のところ明らかになっていない。

これらの生々しい話題がぎっしりと詰まったフォースの訴状は、本文だけで五〇ページにわたっている。紹介したい衝撃的なエピソードはまだまだ他にもあるのだが、彼の容疑に関する話はここまでにしておこう。

今回のニュースを受けたウルブリヒト弁護団のリーダー、ジョシュア・ドラテルは、その日のうちに自身のツイッターアカウントで、以下のようなツイートを発信した。(25)

「『シルクロード』にまつわる、法執行機関の大規模な汚職スキャンダルが発表された。そのスキャンダルは、我々が四カ月にわたって調査してきたものであり、また法廷で利用することが許されなかったものだ」

この彼の発言を深刻に受け止めるべきなのか、あるいは時間稼ぎの与太話だったと考えるべきなのかは分からない。しかし、この訴状に書かれたことが事実であるなら、「シルクロードの黒幕」と「米国法執行機関」の信頼を得ていたフォースが、その双方に利益を与えるふりを装いながら、実際には双方を騙して莫大な金を手に入れていたことは、どうやら間違いなさそうだ。これは秘匿サービスを利用したデジタル犯罪の闇の深さ――現場の最先端で捜査に携わっている者でさえ、足がつかないと確信し、大胆な犯罪に走るほどに深い――を物語る興味深いエピソードの一つである。

蛇足ではあるが、ここまで大規模な犯行計画を進めていたプロの麻薬捜査官が、「なぜか本名を名乗ってしまう」という信じがたいほど初歩的なミスを犯した後で、あわてて女性になりきり、それを誤魔化すための可愛らしいメールを送りつけていたことも驚きである。これは「ヒューマンエラーは誰にでも起こりえる」ということでもあり、我々にとっても非常に有意義な教訓だろう。

仮釈放なしの終身刑

二〇一五年五月二九日、ニューヨーク州マンハッタンの連邦地方裁判所で、ウルブリヒト容疑者に仮釈放なしの終身刑が言い渡された(26)。関係者の注目を集めたその判決に関するニュースは、ＦＢＩのプレスリリースのページにも取り上げられた(27)。

前述したとおり、二〇一五年二月にウルブリヒトは七つの容疑ですべて有罪評決を受けている。当初から、おそらく彼には二〇年以上の刑期が与えられること、最も厳しい場合は終身刑の可能性もあることは予測されていたが、ニューヨーク裁判所のキャサリン・フォレスト判事が実際に下した判決は、その「最も厳しい場合」に該当するものだった。今回ウルブリヒトに下った判決は、事実上の「極刑」と言える。

ニューヨーク州の裁判で、ウルブリヒトと同様に「終身刑」が下された過去の犯罪者の例を挙げると、一九九三年に鉄道の列車内で銃を乱射し、六人を殺害したコリン・ファーガソンなどがいる。彼の仮釈放は三二五年後であるため、実質的に「仮釈放なしの終身刑」と見なしてよいだろう。ちなみにジョン・レノンを殺害したマーク・デイヴィッド・チャップマンには「仮釈放の申請が可能な終身刑」が言い渡されている。ただし現時点で彼の仮釈放は実現していない。

つまり一般的な感覚で言えば、「仮釈放なしの終身刑」は「社会の注目を浴びた大量殺人犯（あるいは大量殺人未遂犯）」に科せられる刑だ。しかし今回、ウルブリヒトの裁判の審理には、殺人も殺人未遂も含まれていない。そのためもあってか、英語圏のSNSやニュースサイトのコメント欄では、この審判に関する議論が激しく交わされている。

例えば、判決を支持する人々は「薬物は市民と国を破壊するもの。それを蔓延させる者に対して、いかなる刑も重すぎることはない」「ネットを悪用して無法者たちを束ねていた卑劣なギャング集団のボスに、最も重い刑がくだるのは妥当だ」などのコメントを寄せ、反対派の人々は「シリアルキラーでもなければテロリストでもない彼に、なぜ仮釈放すら認められないのだ」「たかだか違法サイトの運営者に終身刑とは、あまりに極端で馬鹿げている」などのコメントを寄せているといった様子だ。

エドワード・スノーデンとの協働でも知られるジャーナリストのグレン・グリーンウォルドは、自身のツイッターアカウントでキャサリン判事の判決を「サディスティックで非人道的だ[28]」と表現したことで、多くの支持と反論のコメントを同時に受けることになった。また今回の判決に異議を唱える一部の人々は、オバマ大統領に恩赦を求める嘆願書の署名活動も行った[29]。

裁判そのものに話を戻そう。ウルブリヒトにこれほどの重刑がくだった大きな理由の一つには、「薬物の過剰摂取で命を落とした市民のうち、少なくとも六人が『シルクロード』で商品を購入していた」という検察側の訴えがあった。この裁判の量刑公聴会では、死亡した六人のうち二人の両親が証言を行っている。それは「『シルクロード』は単なる違法マーケットではなく、実際に市民の命を奪った」という検察側の主張に説得力を与えたと言えるだろう。

一方、すべての容疑で有罪評決を受けてからのウルブリヒトと弁護団はなんとか終身刑だけは免れようとあがくような戦略をとっていた。ウルブリヒトは最後の量刑審判の前に、情状酌量を求める三ページの書簡を提出している。彼は、この「親愛なるフォレスト判事へ(Dear Judge Forrest)」で始まる書簡の中で、自分が「シルクロード」を立ち上げたことを深く反省し、それが自分の人生を台無しにしたことを理解していると述べたうえで、以下のように訴えた。

「あなたが私の壮年期(middle years)を取り上げるに違いないということを、私は知っています。しかし、どうか私から晩年(old age)を奪わないでください。どうかトンネルの終わりに、わずかな光を与えてください。私が健康でありたいと願う理由、いまより良い未来の日々を夢に描く理由、そして自由な世界で自身の罪をあがなうための機会を私に残してください」

だが、この悲痛な訴えも虚しく、ウルブリヒトの「せめて刑期だけは決めてほしい」という望みも断たれた。この判決の後、彼の弁護団は直ちに上告することを宣言し、その数日後には実際に上告の手続きを取っている。(30)

この上告で、おそらく彼の弁護団は、「二人の捜査官が『シルクロード』から大量に金を巻き上げていたこと」「そのため彼の裁判が適切に行われていなかったこと」、そして「弁護団側の軸となる主張（『ウルブリヒトはただのお人好しであり、首謀者は他にいる』という主張）について、その証拠の提示が認められなかったこと」を持ち出すだろうと各メディアは予想した。

しかし、たとえ上告によって判決が覆されることがあったとしても、ウルブリヒトはメリーランドで開かれる別の裁判で、ふたたび法廷に立たなければならない。そこで裁かれる容疑が「六人の殺人依頼」であることを考えると、彼の前途は極めて多難だと言わざるをえない。

その後のウルブリヒト

二〇一六年一月一二日、ウルブリヒトの弁護団はようやく上訴にこぎつけることができた。その上訴状は現在、『WIRED』のジャーナリストであるアンディ・グリーンバーグが文書共有サービス「スクリブド（Scribd）」に保管した文書で閲覧することができる。(31)

この一七〇ページに及ぶ書面が示しているのは、ニューヨークで開かれた四週間の陪審審理に対する異議の申し立てで、「裁判中に起きたこと」「特定の証拠を隠すため、法廷が否定したウルブリヒトの行動」「判決の際に起きたこと」に関する三つの問題を示している。具体的な違法性としては、それらの三つの誤りによって「合衆国憲法修正第五条、第六条が保障している被告の『デュープロセス、公正な裁判、弁護を受けられる権利』が否定された」「不合理な捜索や押収を禁ずる修正第四条に違反した」「ウルブリヒトの判決のデュープロセスの権利を保障する合衆国憲法修正第五条が否定された」という三つの結果を生んだ、と記している。

簡潔に言えば、この裁判は第四条、第五条、第六条が保障している権利をウルブリヒトに与えぬまま進められたものであり、法律上公正な審判とは言えないため、別の裁判官の下で裁判をやり直さなければならない、というのが弁護団の主張である。

その長い申し立てが「法を犯した」と指摘する内容は多岐にわたっており、とてもここですべてを紹介しきれないが、特に目立っているのは、先述した麻薬取締局の特別エージェントだったカール・フォースと、元米国シークレットサービスのショーン・ブリッジの二人の汚職スキャンダルに関する話題だ。弁護団は、「アーギュメント・ポイント1」として真っ先にフォースの問題を挙げ、「ウルブリヒトに有罪判決がくだるまでの間、政府はフォースの犯罪の範囲について明かそうとしなかった。それは陪審員たちがウルブリヒトの罪を問う際に語られるべき材料だった」と指摘している。

さらに弁護団は、フォースとブリッジの二人が「ただサイトにアクセスしてウルブリヒトを恐喝し、金を盗んだだけではなく、それ以上のことを行っていた可能性もある」と訴えている。つまり、この二人はウルブリヒトに科せられた罪に大なり小なり関与していた（あるいはウルブリヒトを利用して間接的に犯罪を行っていた）可能性があり、また、ことによってはウルブリヒトを「シルクロードのボス」に仕立てるために証拠をでっち上げていたことも考えられる、と彼らは主張している。

彼らの主張が認められるのかどうかはさておき、ウルブリヒト本人には、この先も複数の殺人依頼に関する第二の裁判の判決がくだることになっている。最終的な彼の運命は、おそらく明るいものにはならないように感じられるが、まだ断言はできないだろう。匿名ネットワークを利用した通信と、仮想通貨のビットコインのみで取引されていたサイバー闇市場で、さらに麻薬捜査官やシークレットサービスまでがその匿名性を利用して悪事を働いていたという複雑な状況が伝えられている現在、検察側や弁護側が提示する「証拠」を陪審員たちはどのように受け止めるのだろうか。

ウルブリヒトの解放運動

ところで、米国の裁判には多額の費用がつきものだ。優秀な弁護団に弁護を依頼できるか否かによって、状況が大きく左右される。そして判決を巡る争いが長引けば長引くほど、そのための費用は膨らんでいく。仮にニューヨークの裁判のやり直しが行われるとしても、そこでウルブリヒトに対する判決が覆される保証はないが、そのために多額の資金が必要となることは間違いない。ウルブリヒトが「シルクロード」の活動で得られた（と考えられている）巨額の財産はすでに没収されており、さらに彼が第二の法廷でも争わなければならないことを考えれば、今後は金銭面でも不利に立たされることが想像される。

そこで必要となってくるのは資金集め活動だ。しかし、ウルブリヒトに大きな金の流れを生み出すほどのカリスマ性はあるだろうか。たとえばＢＢＣのニュースシリーズ「サイバークライムズ・ウィズ・ベン・ハマースレイ（Cybercrimes with Ben Hammersley）」[32]がウルブリヒトを取り上げたときの表現は、「身長六フィート二インチ（約一八八センチメートル）、テキサス州オースティンで遵法精神のある、愛情あふれる家庭に生まれ、多くの勲功バッジを受けたボーイスカウト員。三年次には数学のチャンピオンとなった、極めて前途の明るいハンサムな若き青年」というものだった。

皮肉なことに、優秀で模範的でクセもなく慎ましい好青年というのは、多くの野次馬やハッカーたちにとって、あまり共感を得られる存在ではないとも言える。少なくとも過去に有罪判決を受けたハッカーたち、あるいはハクティビストたちの紆余曲折に満ちた派手な背景と比較すれば、それほど魅力的ではない。そのうえ彼が荷担したとされている犯罪は麻薬の売買だ。それは児童ポルノと共に、オンラインの匿名性の是非を問う場面で必ず取り沙汰される論点であるため、ネットのプライバシーを真面目に重んじている人々にとっては目障りな存在とも言える。それらの点を考えると、彼がヒーローのように扱われて大きな支持を得ることは、少し難しいかもしれない。

しかし、明るく真面目な「好青年」のウルブリヒトは、家族や友人たちから強力なサポートを受けている。彼の友人の多くはいまでも彼の無実を信じており、一部は「あり得ない話だと思うが、もしも本当に彼がＤＰＲであったというなら、精神に何らかの問題が生じていたはずであり、彼に責任能力は問えない」と訴えている。またウルブリヒトの母親も、彼の釈放を求める活動を精力的に続けており、インタビューに対しても「政府と産業は『回避できない技術の進展の流れ』と、勝ち目のない戦いをしている」と雄弁に語って

いる。(33)

さらに、ニューヨークの裁判でキャサリン判事が下した判決、事実上の極刑にあたる仮釈放なしの終身刑があまりに非情だったと考える人々は少なくない。ややもすると、少し厳しすぎるようにも思われたその判決が、結果として彼に対する同情を集める助けとなるかもしれない。

ウルブリヒトの支持者たちは、「ロス・ウルブリヒトを解放せよ(Free Ross Ulbricht)」と呼ばれるウェブサイト(34)で、彼の裁判費用の募金活動を活発に続けている。その一環として、同サイトは、服役中のウルブリヒト本人が描いた絵「私が見た裁判(THE TRIAL I SAW)」を利用したゲームのサービスを開始した。(35)ここではウルブリヒトの絵が九三五〇個の小さな正方形で覆われており、参加者は一ドルを募金するごとに一つの正方形を選んで取り除くことができる。つまり九三五〇ドルが集まれば絵の全貌が明らかとなる。一見、ゲーム的な要素はなさそうに思われるのだが、それらの正方形の中には二一個の「ラッキースクエア」が設定されている。それを取り除いた参加者には、ゲームが終了したときに(つまり全ての正方形が取り除かれたときに)一グラムの金《きん》が送られることになっている。

「一回一ドルで遊べるゲーム」というシステムは、特に彼を英雄視していないネット市民でも気軽に興味本位で参加できる面白いアイディアだ。このサービスは二〇一六年二月の終盤に開始したばかりだが、すでに彼の絵は半分近くが姿を現しているので、なかなか好調な滑り出しだと言えるだろう。また「ロス・ウルブリヒトを解放せよ」に送られる寄付の状況は、たとえ一ドル足らずの額であっても、同サイトのツイッターアカウント（@Free_Ross）[36]で随時報告されている。このように、ウルブリヒトの支持者たちによる活動には、労を惜しまない積極的な態度が見てとれる。おそらく彼らは今後も、法廷での争いを簡単にあきらめはしないだろう。

注

（1）Silk Road case goes to court
http://www.computerworld.com/article/2868479/silk-road-case-goes-to-court.html

（2）Silk Road founder Ross William Ulbricht arrested ? read the criminal complaint
http://www.theguardian.com/world/interactive/2013/oct/02/silk-road-ross-william-ulbricht-criminal-complaint

（3）'Deep Web'
http://www.deepwebthemovie.com

(4) Silk Road cocaine dealer pleads guilty
http://www.dailydot.com/news/silk-road-online-drug-marketplace-dealer-guilty/

(5) Alleged online drug kingpin arrested at SF library
http://www.sfgate.com/news/article/Alleged-online-drug-kingpin-arrested-at-SF-library-4863306.php

(6) https://www.linkedin.com/in/rossulbricht

(7) Feds Arrest Alleged Top Silk Road Drug Seller
https://krebsonsecurity.com/2013/10/feds-arrest-alleged-top-silk-road-drug-seller/

(8) First British Silk Road suspects arrested by new National Crime Agency
http://www.telegraph.co.uk/news/uknews/crime/10361974/First-British-Silk-Road-suspects-arrested-by-new-National-Crime-Agency.html

(9) Bitcoin tumbles on closure of drugs black market the Silk Road
http://www.telegraph.co.uk/finance/currency/10352176/Bitcoin-tumbles-on-closure-of-drugs-black-market-the-Silk-Road.html

(10) Ross Ulbricht trial Day One: 'I DID invent Silk Road... but I'm innocent'
http://www.theregister.co.uk/2015/01/14/ross_ulbricht_trial_day_1/

(11) Defense bombshell in Silk Road trial: Mt. Gox owner "set up" Ulbricht
http://arstechnica.com/tech-policy/2015/01/defense-bombshell-in-silk-road-trial-mt-gox-founder-set-up-ulbricht/

(12) Mt Gox Bitcoin baron: I was NOT Silk Road boss Dread Pirate Roberts
http://www.theregister.co.uk/2015/01/16/ulbricht_trial_mt_gox/
(13) https://twitter.com/MagicalTux/status/555892860654862337
(14) Mt. Gox owner: "I am not Dread Pirate Roberts"
http://arstechnica.com/tech-policy/2015/01/mt-gox-founder-i-am-not-dread-pirate-roberts/
(15) Ross Ulbricht Convicted of Running Silk Road as Dread Pirate Roberts
http://www.bloomberg.com/news/articles/2015-02-04/ross-ulbricht-convicted-of-running-silk-road-as-dread-pirate
(16) Prosecutors Accuse Ulbricht of Making Violent Threats to Protect Silk Road
http://blogs.wsj.com/law/2015/01/29/prosecutors-accuse-ulbricht-of-making-violent-threats-to-protect-silk-road/
(17) Alleged Silk Road boss's lawyers want murder-for-hire evidence blocked from trial
http://www.theregister.co.uk/2014/12/11/alleged_silk_road_bosss_lawyers_want_murderforhire_evidence_blocked_from_trial/
(18) Ulbricht tells judge: I'm not going to testify
http://arstechnica.com/tech-policy/2015/02/ulbricht-tells-judge-im-not-going-to-testify/
(19) The Internet is Real: Ross Ulbricht, the Silk Road trial, and the quasi-fictions of internet culture.

https://medium.com/message/the-internet-is-real-9c6940514728#.tuzqx47z8

(20) Even technologies designed to preserve privacy can reveal identities when not used thoughtfully
http://www.computerworld.com/article/2881755/5-technologies-that-betrayed-silk-road-leaders-anonymity.html

(21) Feds smash internet drug bazaar Silk Road, say they'll KEELHAUL 'Dread Pirate Roberts'
http://www.theregister.co.uk/2013/10/02/silk_road_shutdown/

(22) ドラテルが提出した法廷文書
http://cdn.arstechnica.net/wp-content/uploads/2015/03/rossmotionmainya.pdf

(23) 2 former federal agents charged with stealing Bitcoin during Silk Road probe
http://edition.cnn.com/2015/03/30/politics/federal-agents-charged-with-stealing-bitcoin/

(24) 米国司法省の訴状
https://www.justice.gov/sites/default/files/opa/press-releases/attachments/2015/03/30/criminal_complaint_force.pdf

(25) https://twitter.com/JDratel/status/582636014872723456

(26) Ross Ulbricht, Creator of Silk Road Website, Is Sentenced to Life in Prison
http://www.nytimes.com/2015/05/30/nyregion/ross-ulbricht-creator-of-silk-road-website-is-sentenced-to-life-in-prison.html

(27) Ross Ulbricht, aka Dread Pirate Roberts, Sentenced in Manhattan Federal Court to Life in Prison
https://www.fbi.gov/newyork/press-releases/2015/ross-ulbricht-aka-dread-pirate-roberts-sentenced-in-manhattan-federal-court-to-life-in-prison
(28) https://twitter.com/ggreenwald/status/608763714150539264
(29) ソーシャルプラットフォームChange.orgに投稿された嘆願書の一例
https://www.change.org/p/barack-obama-pardon-ross-ulbricht?recruiter=36556477&utm_source=share_petition&utm_medium=twitter&utm_campaign=share_twitter_responsive
(30) Life in prison not appealing to Silk Road boss Ross Ulbricht-appeal filed
http://www.theregister.co.uk/2015/06/05/ross_ulbricht_appeal/
(31) http://www.scribd.com/doc/295281254/Silk-Road-Appeal-Brief
(32) http://www.bbc.co.uk/programmes/b04p23mv
(33) The Dread Pirate Roberts has a mom, and she'll never stop fighting
http://www.theverge.com/2015/5/29/8683727/silk-road-sentencing-interview-lyn-ulbricht-deep-web
(34) https://freeross.org/
(35) https://art.freeross.org/
(36) https://twitter.com/free_ross

終　章　終わりなきサイバー犯罪との戦い

盗まれたFBI長官の個人情報

インターネットの奥底であるサイバー闇市場に渦巻いているのは、人間の欲望そのものがデジタルデータ化されたものに他ならない。これまで見てきたように、ダークウェブに象徴される「匿名化」と「秘匿化」という衣が、サイバー犯罪に手を染める人間にある種の安心感を与え、その活動を促進させてきた。その闇の経済圏が日々拡大していることは記してきた通りだが、それは裏返せば表社会でまっとうに生きている人間たちの富を奪っていることを意味する。

表社会から見れば、サイバー闇市場は遠い存在のように感じられるが、そこに生息するサイバー犯罪者たちにとってみれば、表社会は自らの欲望を満たすための標的だ。もし不幸にもサイバー犯罪の餌食となってしまった場合、その損失は計り知れない。企業であればそれまで培ってきた顧客からの信頼や知的財産を一気に失うかもしれないし、個人であれば自分や家族のプライバシーが脅かされ、生活そのものが危険に晒されることになるかもしれない。アシュレイ・マディソンの流出事件によって引き起こされたように、自ら命を絶たなければならぬほど精神的に追い込まれる事態もあり得る。

そして、それは誰の身にも起こりえることだ。自らのパソコンのＯＳ（オペレーティング・システム）を常に最新の状態にアップデートし、セキュリティソフトでしっかり防御していたとしても、決して安心はできない。家族や友人とやり取りしているスマートフォンのメッセージアプリに脆弱性があって、保存されているメッセージや写真が盗み出されるかもしれないし、[1]出張先のホテルで繋げた無線ＬＡＮに問題があって、通信内容を覗かれる可能性もある。[2]

インターネットを利用している以上、そこで扱われている情報がその先どういう経緯を辿って行くかを個人がコントロールすることは困難だ。あちこちのサーバーに保存されている個人情報やデリケートな情報についても同様である。もはや個人や一企業が自らの力だけで守れる状況にはない。その事実が明確に表れたのが、第2章でも少し触れた、二〇一五年六月のアメリカ連邦人事管理局（ＯＰＭ）からの大規模流出事件だ。

二〇一五年六月四日、ＯＰＭはアメリカ政府職員の個人情報四二〇万件が流出したと発表した。この数は発表を重ねるごとに増えていき、最後には二〇〇〇万件以上となった。だが、過去には億を超える情報流出が何度もあり、数にさほどインパクトがあるわけではない。問題は流出した内容だ。単に職員の名前や住所、社会保障番号といった個人情報が漏れただけでなく、職員が機密を扱う際に提出する質問票「ＳＦ―86（Standard Form 86）」までがごっそりと流出したのだ。これには本人の履歴はもちろん、海外渡航歴や仕事の経験、経済状況や薬物使用歴、病歴に至るまで記載され、さらに家族や同居人などの情報まで含まれていた。

ＦＢＩのジェームズ・コミー長官は「私や家族の情報もすべて漏れた」と憤ったが、この一件はアメリカ政府でさえ管轄する職員の個人情報を守れないという事実を露見させた。犯行について、アメリカ政府は中国政府の支援を受けたハッカーの仕業だと強く示唆したが、真相は今も分かっていない。確かなのは、盗み出された情報がサイバー闇市場で売り出されていたことと、ＦＢＩ長官ですら自らの個人情報が危険な状態に晒されていた事実に流出の発覚まで気付かなかったということだ。

この事件はアメリカをはじめとする先進国のサイバー安全保障を根底から揺るがしたばかりでなく、サイバー空間において個人情報がいかに無防備な状態にあるかを改めて認識させるものとなった。今やサイバー空間における主導権は、完全に攻撃者側に握られていると言っても過言ではないだろう。

日本のサイバーセキュリティ体制の現実

二〇一五年一月、日本でようやくサイバーセキュリティ基本法が全面施行された。世界規模で生じているサイバー脅威に対応するものとして、前年一一月に衆議院で可決、成立した同基本法の第一条には「我が国のサイバーセキュリティに関する施策に関し、基本理念を定め、国及び地方公共団体の責務等を明らかにし、並びにサイバーセキュリティ戦略の策定その他サイバーセキュリティに関する施策の基本となる事項を定める」とある。

これにより、日本政府内に司令塔となるサイバーセキュリティ戦略本部とその事務局である内閣サイバーセキュリティセンター（NISC）が新たに発足することとなった。従来、日本のサイバーセキュリティ政策は、内閣のIT総合戦略本部に設置された情報セキュリティ政策会議が担ってきたが、サイバーリスクの急拡大を受け、戦略本部に格上げされた形だ。サイバーセキュリティ戦略本部は、IT総合戦略本部および国家安全保障会議（NSC）と緊密に連携して、サイバー脅威への対応に当たっていくとされている。

この流れを受け、日本政府内ではさまざまなサイバーセキュリティに関する組織で陣容が拡張された。主な組織としては、前述のNISCやNSC（事務局は国家安全保障局とし て、NISCと同じビルに入居している）に加え、経済産業省の商務情報政策局情報セキュリティ政策室、総務省の情報流通行政局情報セキュリティ対策室、防衛省のサイバー防衛隊、外務省の情報セキュリティ委員会などが挙げられる。また、情報機関である内閣情報調査室、公安調査庁、防衛省情報保全隊にも、それぞれサイバー担当者が置かれているとされる。捜査機関としては、警視庁の生活安全部サイバー犯罪対策課や公安部公安総務課のサイバー攻撃特別捜査隊などが数十人規模の体制まで増員されたほか、各道府県警においてもサイバー捜査を担う体制の強化が急ぎ進められているところだ。

他にも、日本政府と協力してサイバーセキュリティに関する調査研究や情報提供などを行っている組織として、独立行政法人情報処理推進機構（IPA）、独立行政法人情報通信研究機構（NICT）、一般社団法人JPCERTコーディネーションセンターなどがある。二〇一四年一一月には、産業界、学術研究機関、捜査機関の間における情報共有と、海外機関との連携を推進するための組織として、一般財団法人日本サイバー犯罪対策センター（JC3）が警察庁などの後押しを受けて発足した。JC3は、米国でFBIなどの法務執行機関や民間企業、学術機関が集まって組織されたサイバー犯罪対策のための非営利団体NCFTA（National Cyber-Forensics & Training Alliance）の日本版として作られたものだ。業務執行理事には、警察庁でサイバー犯罪対策に長らく従事した経験を持つ、元北海道警察本部長の坂明が就任している。

これでようやく日本のサイバーセキュリティ戦略は新たな局面を迎えたと言えるが、そもそもこの基本法成立の根底にあるものはなにか。サイバーセキュリティ基本法の成立を主導した自民党のＩＴ戦略特命委員長の平井卓也衆議院議員の答えはこうだ。

「サイバーセキュリティ基本法を議員立法として提出した一番大きな理由は、日本の『次の時代』のチャンスを消したくないという思いからだ。次の時代、次の世代のプレーヤーたちはこのデジタル社会の中で自己実現したり、起業したり、日本の成長に寄与したりしていくことになる。だけど、それを支えるＩＴの基盤が脆弱であれば、そういう動きがシュリンクしてしまうかもしれない」

この言葉が表すように、次世代のため迫り来るサイバー脅威に対して「オールジャパン」で対応していこうという体制は出来つつある。だが、その脅威の度合いに対して体制が十分かと言えば、残念ながら否と言うほかない。日本政府の内外問わず、サイバーセキュリティ関係者にこの質問をすれば、ほとんど同じ答えが返ってくるはずだ。これは政治家や行政が怠惰だということではない。確かに過去の経緯を振り返れば、日本のサイバーセキュリティ政策の整備が遅きに失した感は否めないが、他の先進国を見回しても状況は似たり寄ったりである。前述のとおり、アメリカ政府でさえ頻発するサイバー脅威に右往左往しているのが現実だ。

理由のひとつは、個々のサイバー脅威の根源にあるのが、国家的な意思によるものなのか、個人の私欲や悪戯心によるものかが、容易に判断できないためでもある。二〇一五年に起こったOPMや日本年金機構の情報漏洩事件のように背後に国家の存在を覗わせるものから、第3章で見たような攻撃代行サービスを使う高校生まで、攻撃者側の素性や目的はさまざまだが、それを被害状況から単純に逆算することは難しい。

二〇一四年末にソニー・ピクチャーズエンタテインメントに対して仕掛けられたサイバー攻撃では、社内コンピューターから一〇〇テラバイトに上る大量の情報が盗まれ（犯人側の発表による）、その一部と未公開映画などのデータがファイル共有サイトにアップロードされるなどしたが、こちらも真犯人は不明のままだ。アメリカ政府は北朝鮮政府による犯行だと断定しているが、証拠は乏しく、サイバーセキュリティ関係者の間でもその見方は分かれている。

他方、アシュレイ・マディソンのケースのように、サイバー攻撃で盗み出した会員情報を公開したハッカー集団の動機が自らの主義主張を相手に飲ませることにあることもあれば、アメリカの小売大手ターゲットから顧客のクレジットカード情報四〇〇〇万件あまりを盗んだ犯人が、それをサイバー闇市場で大量に売り出すといったケースもある。悪名高きランサムウェア「クリプトウォール（CryptoWall）」を巡っては、作成したハッカー集団が三・二五億ドル（約三七〇億円）もの大金を稼ぎ出しているとの報告も出ているが、アメリカ政府は背後にロシア人脈があると見ており、金銭目的に加えて国家的な関与の疑いも囁かれている。

こういった規模も意図もさまざまなサイバー脅威に対して、日本政府が全方位で対応するのが難しいことは明らかだ。この点においては、関係者の努力とは別に冷徹に事実を見つめる必要があるだろう。この数年で大幅に拡張されたとはいえ、日本のサイバーセキュリティ体制はまだまだ小規模だ。国家的なサイバー攻撃に対抗するのと、サイバー闇市場での取引を捜査するのでは、当然ながら必要な人材も技術も違ってくるが、どちらも足りていないのが現状である。どの組織からもサイバーセキュリティ人材の不足に悩む声が漏れ聞こえてくるが、どの分野に重点を置くかについては、高いレベルでの政治判断が必要になってくるだろう。

ＮＩＳＣは、国家や企業を守るホワイトハッカーと呼ばれる技術者を育成するため、新たに国家資格を創設し、二〇二〇年までに三万人の有資格者の確保を目指すとしているが、果たして実現は可能だろうか。これまで日本政府や企業は、サイバーセキュリティに対して積極的に投資してきたとは言いがたい。むしろ多くの企業にとって、サイバーセキュリティに関する対策や人材育成の費用は、最低限のコストだけで賄われてきた経緯がある。いざ脅威が目の前に迫ってきたからと言って、急場凌ぎでどうにかなるものではないだろう。優秀なホワイトハッカーを育てるためには、それなりの教育を受ける時間と、その仕事に就くための魅力的なインセンティブの両方が必要だ。そういった環境整備が伴わなければ、日本政府が掲げる目標は画餅で終わる可能性が高い。

医療ビッグデータのリスク

今の時代、ほとんどの産業がＩＴと密接に結びついているため、新しい技術やサービスが広まれば、同時にサイバー・リスクも高まるというジレンマに誰しも陥っている。

第2章で述べたように、医療のＩＴ化が進めば、これまで外に出ることが想定されていなかったような個人情報までサイバー攻撃の対象になってくるだろう。北米では二〇一六年に入ってから医療機関を狙うランサムウェアが急増しており、実際にいくつかの大病院のシステムがサイバー攻撃を受け、業務が一時的に麻痺するという事故まで起こっている。不幸中の幸いにも、この一連のサイバー攻撃の影響による死者は出ていないものの、今後もそういった事態に繋がらないとは限らない。ＦＢＩはランサムウェア対策にかなり神経を尖らせているという。(3)

医療データを巡っては、日本政府内でも病気の治療や健康診断の結果を「ビッグデータ」として活用しようという動きが出ている。(4) 医療データをビッグデータ化できれば、大学などの研究機関が治療法や新薬の開発などに役立てられるからだ。

現行の改正個人情報保護法では、患者の同意がないと医療データを集められないため、国が認定した機関が医療目的で使う場合に限り同意なしでの収集ができるよう、近く法改正を行って効率化する見通しだ。当然、集められたデータは個人が特定できないよう匿名化するのが前提だが、各医療機関から集約されたデータは、「医療番号制度」の個人番号で紐付けられることになる。高齢化が進む日本にとって、医療ビッグデータの活用は医療費抑制に繋がる建設的な取り組みのひとつであるのは間違いないが、世界各国が国家ＩＤシステムに依存した個人情報の侵害に手を焼いていることや、医療機関のシステムがいかに脆弱かは既に述べた通りである。法改正にあたってはかなりの議論を重ねる必要があるだろう。

日本の金融機関が恰好のターゲットに

一方で、日本の金融機関だけを狙ったマルウェアの存在も確認されている。たとえば、セキュリティ研究チーム「IBM　Xフォース（IBM X-Force）」が発見したのは、日本の銀行十数行のネットバンキング利用者を狙った「ロヴニクス（Rovnix）」と呼ばれるマルウェアだ。

このロシア発だと考えられているマルウェアは、巧妙な日本語のメール文面とともに偽装された請求書ファイルとして送られ、被害者がファイルを開くとパソコンに侵入する。そして、被害者がネットバンキングに接続しようとすると、入力されたIDとパスワードを盗み出すというものだ。前出のイタリア人セキュリティ専門家のピエルルイジ・パガニーニが警告する。

「日本の金融業界が攻撃下にあり、今後も多数の類似攻撃の被害を受けると専門家は考えている。二〇一五年の夏から、世界の最も洗練された銀行マルウェアが日本の銀行を攻撃している事が確認され始めた。『ツクバ（Tsukuba）』から高度にモジュール化された『シーフ（Shifu）』、そして今回の『ロヴニクス（Rovnix）』に至るまで、日本の金融機関が攻撃の的となっている事は明白だ。今や、日本や東ヨーロッパは、収益性の高いターゲットとしてサイバー犯罪者に認識されている[5]」

ネットバンキング口座から現金を勝手に引き出される不正送金の被害額は増えるばかりで、二〇一五年の被害額は約三〇・七億円と前年比五・六％増となり、三年連続で悪化した。最近の傾向としては、大手金融機関に比べて、セキュリティ対策が遅れている信用金庫や信用組合が狙われるケースが増えていることが挙げられる。

もちろん、捜査機関も手をこまねいているわけではない。警視庁サイバー犯罪対策課では「ネットバンキングウイルス無力化作戦」などを実施し摘発に努めているが、巧妙化するマルウェアやフィッシングメールに対策が後手に回っている感は否めない[6]。おまけに、個人にできる有効な防御策としては、金融機関が提供する最新の認証方法を利用するということ以外にないのも現状だ。

フィンテックも危ない

金融とＩＴテクノロジーを融合させた分野として注目を集めている「フィンテック

（FinTech）」についても慎重な構えが必要かもしれない。金融庁による規制緩和を受け、これまで既存の金融機関が提供できていなかった利便性の高いＩＴサービスを、ベンチャー企業が持つ技術を活用するなどして実現していこうというのが大きなトレンドになっている。ただ、先行投資にばかり目が向いており、セキュリティ対策にまで気が回っている事業者が少ないような印象だ。実際にスプラウトが独自に行なったセキュリティ調査からは、有名なフィンテック企業が提供しているサービスに、いくつかの脆弱性があることが判明している。せっかく活性化している業界に水を差すつもりはないものの、ユーザー側に立って言えば、利用するサービスを単純な利便性だけから選ぶのではなく、どういったセキュリティ対策が施されているのかまで気を回したいところだ。

ネットワークカメラで自宅が盗撮される？

本来は安全を提供するためのサービスにも危うさが潜む。自宅の様子を外出先から確認するためのネットワークカメラに深刻な脆弱性があることが判ったのは、二〇一四年の八月のことだ。(7) ネットワークカメラは、自宅にいる子どもやペットの様子や安全を、インターネットを通じて外から確認するための装置だが、日本国内のメーカーが出している複数の機種に、悪意ある第三者から覗き見られる脆弱性があることがスプラウトの調査により明らかになったのだ。せっかく安全を確認するために設置したものが、逆にリスクになってしまっては本末転倒だろう。

この事実は、その後もたびたびマスメディアで取り上げられているが、似たような事例が後にも次々出てくるところを見ると、こういった製品やサービスを利用する際には使い方を十分に注意する必要がある。

企業セキュリティ問題としての「パナマ文書」

我々が置かれている状況は混沌さを増しているが、サイバー空間の激しい動きが収まる気配はない。本書執筆の最中には、世界中を震撼させた歴史的スキャンダル「パナマ文書」流出事件が起こった。南米パナマの法律事務所モサック・フォンセカ（Mossack Fonseca）から流出した企業の租税回避に関する大量の機密文書には、世界各国の指導者やその親族らがタックスヘイブン（租税回避地）を利用していた実態が記されており、資産隠しや税金逃れをしていたのではないかと各国で追及の声が上がっている。執筆時点でも、アイスランドのシグムンドゥル・グンロイグソン首相が辞任に追い込まれ、イギリスのデーヴィッド・キャメロン首相も厳しい立場に立たされている。中国では、習近平・国家主席ら三人の最高幹部の親族の名前が含まれていたことから、パナマ文書に関する報道統制が敷かれ、インターネット・サービスの情報も次々に削除される事態となった。

この過去に例のない二・六テラバイトにも上る一一五〇万点の文書は、「ジョン・ドウ（John Doe: 名無しの権兵衛の意）」を名乗る人物により二〇一五年、ドイツの新聞社『南ドイツ新聞（Süddeutsche Zeitung）』へもたらされた。ジョン・ドウにより譲渡された情報があまりに膨大だったため、南ドイツ新聞がＩＣＩＪ（国際調査報道ジャーナリスト連合）に調査協力を求め、その後各国のジャーナリストらの共同分析を経て、二〇一六年四月三日に公開されることになった。パナマ文書が世に出た経緯は、ジャーナリストとマスメディアの手を経てのもので、本書のテーマであるダークウェブに何かが流出したという話ではないが、モサック・フォンセカは機密情報が盗み出されたのはサイバー攻撃によるものだとし、同国の検察当局に被害届けを出した。

執筆時点で分かっている事実は少なく、精度の高い話として記すことはできないが、モサック・フォンセカが利用していたシステムに脆弱性があり、外部からの侵入を許したとの情報もある。モサック・フォンセカでは、一般向けのウェブサイトの管理には「ワードプレス（WordPress）」を、顧客向けのポータルサイトには「ドルーパル（Drupal）」と、二つのCMS（コンテンツ管理システム）を使っていた。顧客向けポータルサイトは、顧客と機密文書を含めたさまざまなデータをやり取りするためのものだ。モサック・フォンセカでは、この二つのCMSが抱える脆弱性を修正するためのアップデートを適切に行っておらず、外部からのサイバー攻撃を招いたのではないかとの見方も強い[8]。

事件の真相が分かるにはもう少し時間が掛かりそうだが、確かなのはモサック・フォンセカのように世界の有力者が依頼するような法律事務所でさえ、自社のシステムのメンテナンスを疎かにしていたということである（この点については、実際にその脆弱性をサイバー攻撃に利用されたかという話とは別に、いくつかのメディアとセキュリティ専門家が二つのシステムがアップデートされていない状態だったことを確認している）。ワードプレスは日本でもさまざまな企業が導入している人気のCMSであり、ドルーパルもホワイトハウスやMTV、ソニー・ミュージックなどでも使われているものだ。なかには脆弱性が残ったまま使っている企業や組織も少なくないだろう。それらがサイバー攻撃を受け、「次のパナマ文書」がジャーナリストの手ではなく、サイバー闇市場に流れる可能性は十分にある。そういう意味で、パナマ文書の流出事件は一部のセレブリティだけに関係するものではなく、誰しもの身に起こりえる話だと言える。

今後拡大していく日本のダークウェブ

このように、サイバー空間で起こっている事象について語ろうとすると、どうしても脅威についての言及が多くなってしまう。これは決してホラーストーリーを広めようということを意図しているわけではなく、サイバーセキュリティの最前線が実際そうだからだ。本書のテーマを「サイバー犯罪と闇市場」とし、ダークウェブの空間を中心に記すことにしたのも、そこで目にしたことがサイバーセキュリティをはじめとする社会基盤の安全を担う側の努力を嘲笑するかのような事象で溢れていたからだ。

麻薬、偽造パスポート、偽造免許証、偽札、違法ポルノ、銃器、犯罪請負に関する売買情報が飛び交うサイバー闇市場は、まさに目を覆わんばかりの世界だ。サイバー攻撃に使われるありとあらゆるツールやサービスが並び、政府や企業から盗み出された個人情報や機密情報が売りに出されていることは、これまで見てきたとおりである。ある程度の知識があれば、その世界に中高生でもアクセスできてしまうことに恐ろしさを感じた方も少なくないだろう。

幸いなことに日本のサイバー闇市場の規模はまだまだ小さいが、今後拡大していく予兆があることは既に述べた。たとえ、サイバー闇市場で行われていることに一切興味などなくても、インターネットにつながっている限り、いつ「自分の大切な情報」がそこで売買されることになるか分からない時代に我々はいる。守る側がいかに不利な状況に立たされているかについても記してきたとおりだ。

だが、状況が悪いからといって何もしなければ、いま以上にサイバー犯罪者の跋扈を許すだけだ。大切なのは、サイバー空間の現実に対し、それぞれの立場で向き合い、できることから手を付けていくことだろう。そのためには、サイバー空間の奥底で起こっている現実を知ることにも意味はあるはずだ。

注

（1）「『ＬＩＮＥ』に深刻な脆弱性　外部から全トーク履歴を抜き出される危険性あり」
https://the01.jp/p000140/

（2）「あなたの通信は丸見え？　裸の『公衆無線ＬＡＮ』にご注意」（森井昌克・神戸大学大学院工学研究科教授）
https://the01.jp/p00091/

（3）「ランサムウェア前線（1）北米で医療機関への攻撃が急増　病院のシステムを人質に『身代金』要求」
https://the01.jp/p0002168/
（4）「ビッグデータ、医療活用へ法整備　新薬開発を効率化」
http://www.nikkei.com/article/DGXLASFS12H3P_S6A410C1EA2000/
（5）「日本のネットバンキング利用者を狙うマルウェア『Rovnix』が活発化」
https://the01.jp/p0001799/
（6）「警察庁：平成27年中のインターネットバンキングに係る不正送金事犯の発生状況等について」
https://www.npa.go.jp/cyber/pdf/H280303_banking.pdf
（7）「アイ・オー・データの『ネットワークカメラ』に脆弱性　自宅や社内が盗撮される危険性あり」
https://the01.jp/p00080/
（8）「パナマ文書の衝撃（1）モサック・フォンセカの内部システムに脆弱性？」
https://the01.jp/p0002206/

あとがき

二〇一三年、我々は初夏の東京で複数の霞ヶ関官僚や有識者、企業経営者らとの会合を重ねていた。俎上にあったのは「五年後の日本に必要なＩＴ政策」についてである。ただ当時の我々は、さまざまな人物との会話から日本の未来を少しでも見通したいという気持ちこそあったものの、何か具体的な目的意識を持ち合わせていたわけではなかった。漠然と今の日本に欠けている何かを見つけたいという好奇心に近い感覚だけが、我々を突き動かす原動力だった。

当時の日本のＩＴ業界といえば、米国アップルの「ｉＰｈｏｎｅ」や韓国サムスン電子の「ギャラクシー」といった海外製スマートフォン人気に押され、国産の携帯電話端末メーカーが撤退の瀬戸際に立たされていた最中である。ＮＴＴドコモなどの通信事業者は、急増する通信トラフィックに対応するため、大規模な設備投資を強いられていた。既存の携帯電話回線だけでは捌き切れない通信トラフィックを固定回線に逃がそうと、通信事業者による公衆無線LANが街中に設置されはじめたのもこの頃だ。また前年には、グリーやDeNAに代表されるソーシャルゲーム業界の「コンプガチャ問題」が、マスメディアから大きな批判を浴びて社会問題化。総務省や経済産業省、消費者庁を中心に、これまでのIT行政が大きく見直されることになった時期でもあった。

そんな中で、ぽつりぽつりと聞こえてきたのが「世界的に見て、日本のサイバーセキュリティに対する意識が相当に低い」という懸念だった。ある霞ヶ関官僚の一人が危機感を露わにしていたことが印象深い。

「海外からの政府機関に対するサイバー攻撃が急増しているが、いまの法的な枠組みや予算ではまともな対処もままならない。日本企業の機密情報も海外に相当流出している形跡があるうえ、金融機関の不正送金被害額も報道されている数字よりかなり多いはずだ」

一方で企業経営者からは「サイバーリスクが経営にどれだけのインパクトを与えるものなのか、自分たちにとって一番必要とされている対策が何なのか、正確に判断できるだけの情報がない」という声が聞こえてきた。表立って騒がれているIT業界の話題とは異なる何かが、裏側で急速に広がっているようだった。

そうした話をきっかけに、日本を取り巻くサイバーセキュリティの現状について独自に調べてみると、「日本は相当にまずい状況にあるのではないか」という危機感が我々の中でも一気に膨らんだ。当時はまだ今ほどサイバー犯罪事件に関するマスメディアの報道も熱を帯びておらず、裏付けとして集められるデータも多くはなかったが、それでもサイバーリスクが相当に高まっていることは理解できた。五年後の日本に一番必要なものはサイバーセキュリティ力の向上なのではないか、我々はそう確信するに至った。

そこで我々自身の情報収集も兼ね、日本にサイバーセキュリティ意識を広めることを目的に、スプラウトの最初の小さな事業として有料メールマガジンを発行してみることにしたのが二〇一三年の年末である。数年経った今振り返ると稚拙な内容に汗顔の至りだが、それでもこの情報発信をきっかけに多くのサイバーセキュリティ関係者との出会いが生まれた。今でこそスプラウトのロゴには、「サイバーセキュリティ・ラボ」のキャッチコピーを冠しているが、会社の創業メンバーにセキュリティ専門のエンジニアがいたわけではない。様々な出会いを重ねる中で、一緒に仕事をしようと参画してくれるエンジニアが一人二人と増えていき、セキュリティ企業として本格稼働できる体制がだんだんと整っていった。

現在のスプラウトは、セキュリティ・エンジニア、開発エンジニア、インフラ・エンジニア、コンサルタントにリサーチャー、それを支える事務方と、共に闘う仲間が総勢二一人にまで増え、賑やかな職場になってきた。変化の激しいサイバーセキュリティの世界で生き抜くことは簡単ではないが、様々なバックグラウンドを持つ人間が集まっていることは、手前味噌ながらサイバーセキュリティ企業としての強みになりつつある。この「技術力×情報力」を武器に、サイバー空間の安全に少しでも多く寄与することが、五年後の日本に必要なIT政策の模索からスタートした我々の素直な志でもある。

そして、我々にとっての最初の一歩となった有料メールマガジンは、様々な出会いのきっかけになっただけでなく、その後サイバーセキュリティの専門オンラインメディア『THE ZERO/ONE』(https://the01.jp)として生まれ変わった。まだまだ発展途上ではあるものの、当時考えていたより遥かに多くの方に読んでいただける媒体にまで成長している。このことは、なにか新しい世界に分け入っていくときに、小さなことからでも手を動かしていくことで、その後の可能性が大きく広がるということを我々に気付かせてくれた。この精神は今後も忘れないようにしていきたい。

本書はそのTHE ZERO/ONEの記事からサイバー犯罪やダークウェブに関する記事を抜粋し、それに大幅な加筆修正を加えたものである。セキュリティ企業として出版する本としては、取り扱うテーマに違和感を覚えられる向きもあるかもしれないが、これは少しでも多くの方にサイバー空間の現状に関心を持っていただこうと、THE ZERO／ONE編集部として切り口を苦心した結果である。当然ながら、サイバー犯罪を誘発することを目的にしたものではないことは、念のため記しておきたい。

第2章のデータブローカーの実態、狙われる医療情報、第5章のシルクロード事件については、カナダ・バンクーバー在住のフリーライターで数多くのセキュリティ記事の翻訳も手掛けられている江添佳代子氏に執筆いただいた。また、序章や各章で触れたアシュレイ・マディソン流出事件についても、江添氏の記事を下地にしている。江添氏は英国で大きな影響力を持っているITメディア『ザ・レジスター（The Register）』の記事を、これまでに約八〇〇本翻訳するなど、英語圏におけるサイバーセキュリティ事情について最新の情報を有している業界人の一人だ。毎年、米国ラスベガスで開催されている世界最大のハッカーの祭典「DEF CON」をはじめとする国際的なセキュリティ・カンファレンスにも積極的に足を運ばれており、幅広いネットワークを持たれている。

第3章のTor解説とハッキングツールおよび攻撃代行サービスの仕組み、第4章については市井のサイバーセキュリティ研究者である西方望氏に執筆いただいた。西方氏の存在はサイバーセキュリティ業界でも一部にしか知られていないものの、その技術的な知見の幅広さには常に驚かされる。聞けば、一九九〇年代からサイバーセキュリティ（当時はそういう言葉も存在しなかったようだが）の世界に関わっていたというから、その知識量は相当なものである。ただし、発せられる情報は全て本人の知的好奇心に起因するものに限られる。いかにこちらが提案したテーマに「ノッて」書いていただくかが、我々としても腕の見せ所だった。この点は、本人の了承をいただいたうえで記しておきたい。

それ以外の部分については、THE ZERO／ONE編集部として、これまで発信してきた記事をベースに、新たな取材を重ねて再構成した。その一部では、本文中にも登場いただいたイタリアのセキュリティ専門家ピエルルイジ・パガニーニ氏が主宰する『セキュリティ・アフェアーズ（Security Affairs）』をはじめ、クロアチアの『ヘルプ・ネット・セキュリティ（Help Net Security）』、インドの『ザ・ハッカー・ニューズ（The Hacker News）』といった提携先の海外サイバーセキュリティ専門メディアから寄せられた知見も大いに参考にさせていただいた。生まれたばかりのスタートアップ企業が運営するオンラインメディアからの依頼に対し、快く情報提供を約束してくれた彼らに心から感謝すると同時に、少しでも多くの日本発の知見をこの先お返ししたいと思う。

また、THE ZERO／ONEをはじめ、我々の活動に多大な協力をいただいた通称「ウラジミール（Vladimir）」氏に対する哀悼の意も記しておきたい。二〇一五年八月三〇日に急逝されたウラジミール氏は、ハッカーとして、孤高のインテリジェンス・オフィサーとして、日本のインテリジェンス・サークルに少なからぬ影響を及ぼした人物だった。ハッカー・ネームこそロシア名だが、生粋の日本人として国家とサイバー空間の関係について心砕いていたウラジミール氏に頼った日本政府の関係者は少なくなかった。英語や中国語だけでなく、韓国・朝鮮語やロシア語にも通じていたウラジミール氏が有していた海外ネットワークの幅広さを継承できるだけの人物は、残念ながら今はいないだろう。二〇一五年九月に米中が仮初めのサイバー合意に至った際に、中国ハッカー事情に通じたウラジミール氏の見立てを聞けなかったことは残念でならない。その早すぎる死を悼むとともに、いまさらながら日本が受けた損失の大きさを感じる。

最後になるが、サイバーセキュリティの世界においてもマニアックなテーマである「ダークウェブ」に興味を持っていただき、新書化を実現してくれた担当編集者の西泰志氏に心からの感謝を伝えたい。オンラインメディア向けに書かれた個別の記事を、伝わりやすいストーリーにいかにまとめるか懇切丁寧に教示いただいただけでなく、なかなか原稿が進まない我々を辛抱強く応援していただいた。『週刊文春』の織田甫氏は、サイバーセキュリティの世界をより多くの人々に知ってもらいたいという我々の情熱に理解を示し、西氏という最良の編集者と引きあわせてくれた。また、個人名を上げることはできないが、取材に協力していただいた多くの霞ヶ関官僚の方々、捜査機関および情報機関の方々、サイバーセキュリティ業界関係者の方々、報道機関の方々にも、この場を借りてお礼を申し上げたい。本書が少しでも多くの読者の目に触れ、日本のサイバーセキュリティ力の向上に寄与できれば幸甚である。

スプラウト取締役・『THE ZERO／ONE』発行人
高野聖玄

【執筆者代表】

高野聖玄（たかの・せいげん）

スプラウト取締役、「THE ZERO/ONE」発行人。1980年生まれ。経済系出版社でのインターネット事業の開発などを経て、2005年に会員制情報誌『FACTA』（ファクタ出版）の創刊に参画。IT業界から経済事件まで幅広い分野の取材に携わる。2012年12月にスプラウトを創業。2015年より現職。

【執筆者】

岡本顕一郎（おかもと・けんいちろう）

スプラウトのリサーチャー、「THE ZERO/ONE」編集者。1976年生まれ。白夜書房から発行されていたセキュリティ雑誌『ハッカージャパン』の編集を経て、2014年よりスプラウトの立ち上げに参画。ダークウェブを中心に、最新のサイバー犯罪の調査を行っている。

宍戸ラファエラ（ししど・らふぁえら）

スプラウトのリサーチャー。1989年生まれ。4カ国語のマルチリンガル。主に英語圏、ポルトガル語圏のサイバーセキュリティに関する動向、各国の政策、犯罪の傾向などを中心に調査を行っている。毎年ドイツで開催される「CCC」をはじめ、国内外のセキュリティ・カンファレンスにも積極的に参加している。

江添佳代子（えぞえ・かよこ）

フリーライター、翻訳者。北海道生まれ、東京育ち、カナダ・バンクーバー在住。インターネット広告、出版に携わったのち現職。英国のITメディア『The Register』のセキュリティニュースの翻訳を、これまで約800本担当している。本書では、主に第2章のデータブローカーの実態、狙われる医療情報、第5章のシルクロード事件を執筆。

西方望（にしかた・のぞむ）

フリーのセキュリティ研究者。インターネットが一般に広まる以前より、サイバーセキュリティに関する仕事に携わる。インターネットで起こる日々の事象から、ハッキングツール、ネットアングラ、国際政治に絡むサイバー攻撃まで幅広く情報収集するのが日課。本書では、主に第3章のTor解説とハッキングツールおよび攻撃代行サービスの仕組み、第4章のTorと捜査機関の攻防を執筆。

セキュリティ集団スプラウト
（せきゅりてぃしゅうだんすぷらうと）

正式名称：株式会社スプラウト。2012年創業のサイバーセキュリティ企業。ホワイトハッカーと呼ばれる人材を中心に、サイバーセキュリティ分野に精通したコンサルタントやリサーチャーらが集まった専門家集団。企業や官公庁に対しサイバーセキュリティの支援を行っているほか、本書の下敷きとなったオンラインメディア「THE ZERO/ONE」や、国内外のホワイトハッカーと企業を結ぶバグ報奨金プラットフォーム「BugBounty.jp」の運営なども行っている。また、世界最高水準のセキュリティ強度を実装したクラウドストレージ「SolidHub」の開発などにも取り組んでいる。

http://sproutgroup.co.jp

文春新書

1086

闇《ダーク》ウェブ

2016年（平成28年）7月20日　第1刷発行
2017年（平成29年）4月5日　第2刷発行

著　者　セキュリティ集団スプラウト
発行者　木　俣　正　剛
発行所　株式会社　文　藝　春　秋

〒102-8008　東京都千代田区紀尾井町3-23
電話（03）3265-1211（代表）

印刷所　理　想　社
付物印刷　大　日　本　印　刷
製本所　大　口　製　本

定価はカバーに表示してあります。
万一、落丁・乱丁の場合は小社製作部宛お送り下さい。
送料小社負担でお取替え致します。

ISBN978-4-16-661086-0

◆経済と企業

金融工学、こんなに面白い　野口悠紀雄
臆病者のための株入門　橘　玲
臆病者のための億万長者入門　橘　玲
売る力　鈴木敏文
安売り王一代　安田隆夫
熱湯経営　樋口武男
先の先を読め　樋口武男
明日のリーダーのために　葛西敬之
こんなリーダーになりたい　佐々木常夫
もし顔を見るのも嫌な人間が上司になったら　江上　剛
定年後の8万時間に挑む　加藤　仁
強欲資本主義 ウォール街の自爆　神谷秀樹
ゴールドマン・サックス研究　神谷秀樹
新自由主義の自滅　菊池英博
黒田日銀　最後の賭け　小野展克
日本経済の勝ち方 太陽エネルギー革命　村沢義久

ハイブリッド　木野龍逸
石油の支配者　浜田和幸
石油の「埋蔵量」は誰が決めるのか？　岩瀬　昇
エコノミストを格付けする　東谷　暁
就活って何だ　森　健
ぼくらの就活戦記　森　健
新・マネー敗戦　岩本沙弓
自分をデフレ化しない方法　勝間和代
JAL崩壊　日本航空・グループ2010
ユニクロ型デフレと国家破産　浜　矩子
新・国富論　浜　矩子
東電帝国　その失敗の本質　志村嘉一郎
修羅場の経営責任　国広　正
出版大崩壊　山田　順
資産フライト　山田　順
脱ニッポン富国論　山田　順
税務署が隠したい増税の正体　山田　順
円安亡国　山田　順

通貨「円」の謎　竹森俊平
日本型モノづくりの敗北　湯之上　隆
松下幸之助の憂鬱　立石泰則
さよなら！　僕らのソニー　立石泰則
君がいる場所、そこがソニーだ　立石泰則
日本人はなぜ株で損するのか？　藤原敬之
日本国はいくら借金できるのか？　川北隆雄
高橋是清と井上準之助　鈴木　隆
ビジネスパーソンのための契約の教科書　福井健策
ビジネスパーソンのための企業法務の教科書　西村あさひ法律事務所編
会社を危機から守る25の鉄則　西村あさひ法律事務所編
サイバー・テロ　日米vs.中国　土屋大洋
非情の常時リストラ　溝上憲文
ブラック企業　今野晴貴
ブラック企業2　今野晴貴
エコノミストには絶対分からないEU危機　広岡裕児
『ONE PIECE』と『相棒』でわかる！細野真宏の世界一わかりやすい投資講座　細野真宏
日本の会社40の弱点　小平達也

平成経済事件の怪物たち　森　功
税金 常識のウソ　神野直彦
アメリカは日本の消費税を許さない　岩本沙弓
税金を払わない巨大企業　富岡幸雄
トヨタ生産方式の逆襲　鈴村尚久
VWの失敗とエコカー戦争　香住　駿
朝日新聞 日本型組織の崩壊　朝日新聞記者有志
働く女子の運命　濱口桂一郎
無敵の仕事術　加藤　崇

◆世界の国と歴史

新・戦争論　池上　彰・佐藤　優
大世界史　池上　彰・佐藤　優
二十世紀論　福田和也
二十世紀をどう見るか　野田宣雄
歴史とはなにか　岡田英弘
金融恐慌とユダヤ・キリスト教　島田裕巳
新約聖書Ⅰ　新共同訳　佐藤　優解説
新約聖書Ⅱ　新共同訳　佐藤　優解説
ローマ人への20の質問　塩野七生
民族の世界地図　21世紀研究会編
新・民族の世界地図　21世紀研究会編
法律の世界地図　21世紀研究会編
地名の世界地図　21世紀研究会編
人名の世界地図　21世紀研究会編
国旗・国歌の世界地図　21世紀研究会編
常識の世界地図　21世紀研究会編

イスラームの世界地図　21世紀研究会編
色彩の世界地図　21世紀研究会編
食の世界地図　21世紀研究会編
武器の世界地図　21世紀研究会編
戦争の常識　鍛冶俊樹
フランス7つの謎　小田中直樹
ロシア 闇と魂の国家　亀山郁夫・佐藤　優
独裁者プーチン　名越健郎
チャーチルの亡霊　前田洋平
イタリア人と日本人、どっちがバカ?　ファブリツィオ・グラッセッリ
イタリア「色悪党」列伝　ファブリツィオ・グラッセッリ
第一次世界大戦はなぜ始まったのか　別宮暖朗
イスラーム国の衝撃　池内　恵
グローバリズムが世界を滅ぼす　エマニュエル・トッド　ハジュン・チャン他
「ドイツ帝国」が世界を破滅させる　エマニュエル・トッド　堀　茂樹訳
シャルリとは誰か?　エマニュエル・トッド　堀　茂樹訳
世界最強の女帝 メルケルの謎　佐藤伸行
日本の敵　宮家邦彦

文春新書好評既刊

佐々木俊尚
グーグル Google
既存のビジネスを破壊する

検索エンジンの巨人は何を目指し、何をもたらすのか？　最強のネット・コンセプトは人類の価値観を覆す「世界革命」を引き起こす

501

守屋英一
フェイスブックが危ない

利用者の激増に伴ってプライバシーの流出やサイバー犯罪の被害も増加しているフェイスブック。安心して使うためのノウハウを伝授

867

土屋大洋
サイバー・テロ　日米vs.中国

イスラエルがシリアのレーダーを機能不全に。中国の動きを警戒する日本と米国。各国を脅かすサイバー攻撃の実態を専門家が解説する

878

安田浩一
ヘイトスピーチ
「愛国者」たちの憎悪と暴力

ネット空間から街頭やサッカー場にまで侵出する、愛国を騙る卑劣な表現を徹底取材。耳を塞ぎたくなる主張は「自由な言論」なのか

1027

岡田尊司
インターネット・ゲーム依存症
ネトゲからスマホまで

覚醒剤並の強い依存性を持つデジタル機器。ゲーム・ネット中毒が脳の神経構造すら変化させる事実を、最新の研究データで報告

995